Kurt E. Becker

Der Charisma-Faktor

Glücklich sein mit Sisyphos

Kurt E. Becker

Der Charisma-Faktor

Glücklich sein mit Sisyphos

Für Richard Rickelmann

Jedermann weiß um den Wahnsinn, unter dem das Weltgeschehen dieser Zeit vor sich geht, jedermann weiß, dass er selber, sei es als aktives, sei es als passives Opfer, an solchem Wahnsinn mitbeteiligt ist, jedermann weiß also um die Übermacht der ihn umgebenden Gefährdung, doch niemand weiß dieselbe zu lokalisieren, niemand weiß, aus welcher Richtung sie kommt, ihn zu übermannen, niemand vermag ihr wirklich ins Angesicht zu schauen, niemand vermag der Gefährdung wirklich entgegenzutreten.

Hermann Broch

Bibliographische Information der Deutschen Nationalbibliothek
Die Deutsche Nationalbibliothek verzeichnet diese Publikation in der Deutschen Nationalbibliographie; detaillierte bibliographische Daten sind im Internet über http://dnb.ddb.de abrufbar.

ISBN: 978-3-95779-025-5
Erste Auflage 2016

Typografie und Satz: Clarissa Heisterkamp
Umschlaggestaltung: Frank Schubert - VG Bild Kunst, Frankfurt am Main, www.frankundfrei.me

Druck und Bindung: CPI books, Leck

Inhalt

STATT EINES VORWORTS

Der (soziale) Mythos von Sisyphos

Seinen großartigen Essay „Der Mythos des Sisyphos“ beendet Albert Camus lapidar und deutungsschwer mit dem Satz: „Wir müssen uns Sisyphos als glücklichen Menschen vorstellen.“

Sisyphos — ein glücklicher Mensch? Von den Göttern dazu verurteilt, einen Felsblock den Berg hinauf zu wälzen, stetig und ruhelos, sieht sich Sisyphos auf dem Gipfel angekommen immer aufs Neue mit der Vergeblichkeit seiner Anstrengung konfrontiert: Kraft seines Eigengewichts rollt der Stein sofort wieder bergab. Nicht von ungefähr wollte Camus seinen Essay deswegen ursprunglich „Der absurde Mensch“ titeln.

Indem Sisyphos die Absurdität seines Seins als eine ihm spezifisch eigene akzeptiert, ist er ein glücklicher, ein auf sich selbst gestellter, ausschließlich seinem eigenen Selbst verantwortlicher Mensch. Denn in dieser Absurdität finden weder die Götter noch irgendein überordnendes und übergeordnetes Schicksal einen Ort, ihr Unwesen zu treiben. Indem Sisyphos ein Bewusstsein dieser Absurdität entwickelt, überwindet er sie gleichzeitig durch die Schaffung eines ihm eigenen begrenzenden und begrenzten menschlichen Kosmos', der unendlichen Leere und Sinnlosigkeit des Universums dadurch einen Sinn, einen individuellen Menschensinn abtrotzend.

Die Akzeptanz der Absurdität „macht aus dem Schicksal eine menschliche Angelegenheit, die unter Menschen geregelt werden muss." Diesem Fingerzeig Camus folgend lässt sich der Mythos von Sisyphos neu beleben, indem wir über seine individuelle Deutung hinaus gehen und ihm eine soziale Dimension verleihen. Sisyphos wird in dieser Neudimensionierung des Mythos zum Übermenschen, der über sein ihm spezifisch eigenes Selbst hinausgeht und sich im Sozialen verwirklicht. „Übermenschsein" in diesem Sinn heißt: über sich hinaus in die Gemeinschaft mit andern hineingehen, ja, diese Gemeinschaft stiften. Denn mit Sisyphos erkennen wir, dass die tägliche Aufgabe, einen Felsblock den Berg hinauf zu wälzen, für den Einzelnen allein nicht zu bewältigen ist. Der Einzelne sucht und findet Gefährten, die sich gemeinsam mit ihm der Absurdität des Seins stellen und diese in der Gemeinschaft der Gleichgesinnten überwinden. In einem sozialen Akt der Vergemeinschaftung erweist sich Sisyphos kraft Charisma als heilsstiftender Überwinder des Absurden und Führer aus der menschlichen Sinnkrise. Letztere ist als Komplement zur Absurdität zu lesen, als ständige Begleiterin eines an sich selbst verzweifelnden, entwurzelten Menschen.

Verzweifelt ist der Mensch deswegen, weil er als vereinzelter Felsblockwälzer das große Ganze aus dem Blick verloren hat. Seine Entwurzelung resultiert aus dem Verlust des ihn eigentlich umgebenden sozialen Humus, Mensch unter Menschen zu sein und sein zu dürfen. Denn ein Sozialwesen ist der Mensch von Geburt. So können etwa seine natürlichen Mängel in den ersten Lebensjahren nur in der Gemeinschaft mit anderen kompensiert werden. Die Rückbesinnung auf dieses menschliche Erbe ist insofern gleichbedeutend einer Rückkehr zu den Wurzeln des Menschseins an sich.

Diese charismatisch inspirierte Rückkehr in den Schoß der Gemeinschaften gibt es, seitdem es Menschen gibt. Es waren und sind die charismatisch begabten Einzelnen, die bereit waren und sind, sich den existentiellen Fragen des Menschen nach dem Sinn des Lebens und der Unabdingbarkeit des Sterbens zu stellen, diese zu beantworten und dafür Verantwortung zu übernehmen. Der Charismatiker durchbricht die im Oberflächlichen verbleibenden, anonymisierten Verantwortungsstrukturen der eindimensional ökonomisierten Welt im 21. Jahrhundert christlicher Zeitrechnung, übernimmt persönlich Verantwortung und macht der essentiellen Absurdität des Individuellen Menschlichen genauso radikal den Garaus wie ihrer existentiellen Schwester, der essentiellen Krise menschlichen Daseins auf dem Planeten Erde. Je nach Kontext der Lebenswelt entwickeln sich aus dieser radikalen Sinnbestimmung spezifisch eigene charismatische Gemeinschaften — säkularideologische genauso wie religiös inspirierte. Genuin revolutionäre Bewegungen stehen in einer Reihe mit reformatorischen Initiativen. Auf jeden Fall gehören

Wandel und Veränderung des jeweils Bestehenden an die erste Stelle charismatischer Programmatik über alle Zeiten hinweg. Auch über unsere.

Nicht selten gilt speziell den religiösen Charismatikern die Absurdität als Initial des außeralltäglichen Einstellungswandels gegenüber Welt und Mensch. Denn der Tod, absolutes Symbol des Absurden eines auf bloße Diesseitigkeit angelegten Lebens und deswegen verdrängt aus der Welt des digitalen Allzeit-Jetzt, fordert seinen Tribut — elementar und unerbittlich als endzeitlicher Schlusspunkt einer Grammatik, die der Mensch innerhalb seiner Lebenswirklichkeit zu lernen hat. Und es ist das Privileg des charismatischen Individuums, dieses Thema im Bildungskatalog des Lebenlernens wieder zu etablieren. Ob zur Legitimation des damit verbundenen Wandels alte Götter revitalisiert, neue geschaffen oder ganz andere Ideen ihren Platz einnehmen werden, ist dabei belanglos. Auf den Glauben kommt es an. Denn der versetzt bekanntlich Berge.

Credo non quod sed quia absurdum est, „Ich glaube — nicht obwohl, sondern weil es absurd ist" steht in großen Lettern über der Eingangstür aller Religionsstiftungen in der Menschheitsgeschichte. Allen voran der christlichen. Unter anderem dieser religiösen Spur wollen wir in diesem Buch folgen, die Implikationen charismatischer Emanationen an Beispielen im frühen Christentum, aber auch in der islamischen Revolution im Iran herausarbeitend, beide Antworten anbietend zu essentiellen Themen menschlichen Existierens: die Durchschreitung des Jammertals irdischen Lebens im Christentum, die revolutionäre Überwindung der

Entfremdung iranischer Lebensart durch westliche Ökonomie. Die Revolution im Iran bietet freilich auch ein Erklärungsmuster für das Phänomen westlicher Proselyten im Islamischen Staat. Was nämlich bewegt Menschen der westlichen Welt zu Dschihadisten zu werden? Nicht alle, aber einige Antworten finden sich in der islamischen Revolution im Iran.

Dass die Absurdität heutzutage auf dem Rückzug wäre, lässt sich auf jeden Fall schwerlich diagnostizieren. Im Gegenteil. Wir leben in einer Zeit der Widersprüche und des sich selbst dynamisierenden Wahnsinns wie noch niemals zuvor in der Geschichte der Menschheit. Die Zivilisation, ursprünglich Prozess und Produkt zur Sicherung des Menschen gegen die Unbilden der Natur, hat sich in summa zu einem ultimativen Sicherheitsrisiko für die Spezies in ihrer Gesamtheit entwickelt, nicht von ungefähr im Begriff „Risikogesellschaft" (Volker Beck) einschlägig etabliert — ein globales Amalgam an Schreckensszenarien und Wirklichkeit gewordenen „Unfällen" auf den sophistischen Punkt bringend: Tschernobyl, Fukushima, Vermüllung der Ozeane, Weltwirtschaftskrisen, Klimakatastrophen und so weiter — „geschuldet" einem ökonomischen Fundamentalismus, der mit seinen feinnervigen Verästelungen in alle Lebensbereiche hineinwirkt. Diesem ökonomischen Fundamentalismus tritt ein religiöser Fundamentalismus entgegen, Barbarei und Grausamkeit quasi zum Programm erhebend. Ob die zivilisierten Gesellschaften westlicher Prägung eine angemessene Antwort finden auf diesen religiös motivierten Terrorismus, ist eine der vielen offenen

Fragen zur Zukunft der Menschheit und der Menschlichkeit an sich.

Jeder Einzelne hat es in der Hand, sein Scherflein zumindest zur Relativierung der vielgestaltigen, vielgesichtigen Krise dieser Zeit beizutragen. Auf den Einzelnen kommt es an. Auf seine Einstellung gegenüber Welt und Menschen. Auf seine Art der Lebensführung. Und der Einzelne ist genau mit dieser Aufgabe überfordert. Zumindest in der Mehrheit. Gewiss. In unseren Breiten geht es uns materiell gut. Inmitten einer saturierten Welt konsumistischer Glückseligkeit droht dem Einzelnen jedoch der Verlust seiner Identität. Der von der kommerziellen Wirtschaft entfachte Konsumrausch vernebelt nämlich den Blick für die Frage nach den Essentialien des Lebens. Was ist der Sinn des Lebens? Was macht das Leben lebenswert? Wen oder was bin ich gegebenenfalls bereit, unter Einsatz meines Lebens zu verteidigen? Wofür bin ich bereit zu sterben? Die Selbstmord-Attentäter aus dem Lager religiös inspirierter Terroristen haben diese Frage für sich selbst in selbstgewisser Absolutheit beantwortet mit Horror-Szenarien von apokalyptischen Ausmaßen in der Konsequenz. Was haben wir diesen selbstgewissen heiligen Kriegern entgegen zu setzen?

Gemessen an der Absolutheit fundamentalistisch-terroristischer Antworten klingt uns die Frage nach der Bereitschaft, für etwas als wesentlich und wertvoll Erachtetes das Leben zu opfern, seltsam fremd in den Ohren. Gestorben, bitteschön, wird anderswo. Dies gilt auch bei der Verteidigung unserer Komfortzonen. In den Anzeigen zur Rekrutierung ihrer Freiwilligen verliert die Bundeswehr denn auch kein Wort zum Thema Sterben. Die Armee wird als Abenteuerurlaub verkauft. Mögen doch andere für uns sterben. Im verniedlichenden Eiapopeia diesseitiger Glückseligkeit wird der Tod, vor allem der gewaltsame, denn auch in erster Linie als Informationsware der Medien wahrgenommen. Diese Wahrnehmung gilt folglich auch für das Sterben „unserer" Soldaten in irgendwelchen Kriegsregionen dieser Welt. Das konkrete Grauen ist auf jeden Fall immer weit weg. Über die Bildschirme im Wohnzimmer flimmern schon oft gesehene Bilder von abgestürzten Flugzeugen, zerbombten Häusern, weinenden Kindern und verzweifelten Müttern. Das alles hat mit uns nichts zu tun. Zumindest lassen wir es nicht an uns heran. Es sei denn, in Gestalt einer gelegentlichen Ablasszahlung in Form von Spenden, die wir an irgendeine der zahllosen Hilfsorganisationen auf dieser Welt entrichten. Wir sind übersättigt von Bildern dieser Art. Wir sind abgestumpft. Nicht zuletzt empfinden wir das Leid anderer sogar als Bedrohung, denn die könnten etwas von uns wollen. Zum Beispiel, in unserem Land eine neue Heimat suchen. Aber mehr als dies: Auch unser eigener, unser „natürlicher" Tod wird zum Tabu erklärt. Hierzulande wird gelebt, aber nicht gestorben. Von Interesse ist der Tod allenfalls für die Kirchen und die Bestattungsunternehmer. Und damit auch genug. Gar das Leben von seinem Ende her denken? Ein geradezu obszöner Gedanke. Als wäre die eine, die absolute Lebenslust einerseits und die Verantwortung für unser Leben andererseits denkbar ohne die Erfahrung von Grenzsituationen, ohne das Ausleben, Erleben und Aushalten von Risiken.

Zivilcourage in dieser Eiapopeia-Welt? Fehlanzeige. Sein eigenes Leben in die Waagschale werfend, hatte Luther vor dem Reichstag zu Worms am Rhein anno 1521 ausgerufen: „Hier stehe ich, ich kann nicht anders." Wer steht denn heute wofür — und kann nicht anders?

Die Frage ist gleichbedeutend der nach unserem eigenen Selbst, einer Bestimmung dieses Selbst, einer Rückbesinnung auf das, was es heißt, Mensch unter Menschen zu sein. Die Frage und deren Beantwortung gleicht einer Tiefenbohrung in den innersten Kern unseres Selbst. Diese Tiefenbohrung erfordert Mut und Durchhaltevermögen. Der Lohn? Ein Geschenk der besonderen Art, die innigst mögliche Beziehung zu unserem eigenen Selbst, das Charisma unseres Lebens entfaltend. Charisma heißt, die Bestimmung des eigenen Lebens erkennen und dieser Bestimmung folgen, damit einen Weg beschreitend, den nur eine/einer zu gehen imstande ist. Der Übermensch in unserem Selbst wird durch unser Charisma befreit von den Fesseln enger Ich-Sucht, sein Blick wird geweitet für die Freiheit, sich im anderen, im Fremden wiederfinden zu können und dadurch eine wunderbare Entdeckungsreise des eigenen Selbst antreten zu können, um am Zielort dieser Reise zu erkennen, dass ein Existieren ohne den anderen Menschen nicht möglich ist. Mensch unter Menschen sein zu dürfen, steht deswegen in Großbuchstaben über dem Eingang zu unserer charismatischen Selbstbestimmung.

Diese horizontale Perspektive unserer menschlichen Existenz, der damit verbundene Einbezug des Sozialen ebnet den Blick für Wesentliches — die Tatsache nämlich, dass es ein Geschenk ist, ein Charisma, ein Mensch zu sein. Aus diesem Charisma der innigsten Beziehung, die wir zu uns selbst haben können, erwächst das Bewusstsein, dass dieses Selbst nichts ist — ohne die anderen. Wir brauchen die anderen zur Verwirklichung unseres Selbst. Der tiefste Blick in unser Innerstes rückt genau diese Einsicht ins Licht unseres Bewusstseins. Und genau durch dieses jeweils am anderen orientierte Bewusstsein wird der Übermensch im eigenen Selbst von seinen Fesseln befreit. Das spezifisch eigene Schicksal wird nicht nur angenommen, es wird geliebt. „Amor fati" lautet Nietzsches Aufforderung. Liebe dein Schicksal. Das schicksalsmächtige Erbe im individuellen Charisma weckt die Kraftpotentiale im Nukleus unserer Persönlichkeit, wir lernen Ungewissheiten zu ertragen in der uns umgebenden Wirklichkeit genauso wie in unserem eigenen Selbst, weil wir die charismatische Macht in uns spüren, uns selbst gehorchen zu können. Kraft Charisma haben wir die Macht, uns selbst zu befehlen — und uns selbst auch zu gehorchen. Dem Chaos der uns umgebenden Welt begegnen wir mit der ordnenden Kraft unseres Charismas. Den Vertrauensverlust, den die traditionellen Orientierungshilfen im sozialen Kosmos, die Institutionen, erfahren müssen, gleichen wir durch Selbstvertrauen aus. Wir verlassen uns auf uns selbst und andere können sich auf uns verlassen. Denn die Wurzeln unseres Charismas reichen tief hinunter in den Wesenskern unseres Menschseins. Wir sind geerdet und verwurzelt im eigenen charismatischen Selbst. Und dank dieser Verwurzelung in uns selbst wissen wir, wofür es sich lohnt, ein wahrhaft menschliches Leben zu führen und dieses Leben gegebenenfalls auch zu opfern. Die charismatische Metaphysik des eigenen Selbst transzendiert die irdische Existenz auf eine Ebene höherwertiger Sinnhaftigkeit. Und genau von diesem Ort höherwertiger Sinnhaftigkeit stellt sich auch die Frage nach der Bereitschaft, für ein als richtig erkanntes „Etwas" zu sterben, der Maxime, Mensch unter Menschen zu sein, eine spirituelle Dimension verleihend. Diese Metaphysik unseres Charismas ist das Außeralltägliche des Außeralltäglichen, jene letztmögliche Option des Denkbaren und begrenzt auch Fühlbaren, die unserem alltäglichen Leben Leuchtkraft und Sendungsbewusstsein verleiht. In der Vergegenwärtigung und Bewusstwerdung dieser allerletzten Position gewinnt unser Leben Tiefe und Substanz. Denn für etwas zu stehen, erdet den Charisma-Faktor in uns im tiefstmöglichen Grund unserer Existenz und macht das Leben selbst zu einem Charisma, zu einem Ort der Freude und der Zuversicht. Auf dem Umweg über diese letztmögliche Position wird aus dem Für-etwas-Einstehen eine Freiheit zum Leben selbst und eine Befreiung von der Angst vor dem Tod.

Mit Sisyphos haben wir erkannt, dass es für den Einzelnen zu schwer ist, jeden Tag den Felsblock den Berg hoch zu wälzen. Deswegen die Suche nach Verbündeten im Geiste und in der Tat — basierend auf der Erkenntnis des eigenen charismatischen Selbst. Den wegweisenden Kompass im Erkenntnisstreben nach dem eigenen Selbst liefert uns Friedrich Nietzsche mit der philosophischen Figur seines „Zarathustra". Der historische Zarathustra hat im Kampf des Guten und des Bösen, wie Nietzsche notiert, als Erster überhaupt „das eigentliche Rad im Getriebe der Dinge" gesehen und auf dieser Einsicht im sechsten Jahrhundert vor Christus im heutigen Iran eine Glaubenslehre begründet, auf deren Dialektik auch Nietzsche in seiner Philosophie zurückgreift.

Konkret stellt uns Nietzsche seinen Zarathustra als charismatischen Übermenschen vor, der an der Aufgabe, unter den „letzten Menschen" Gesinnungsgenossen für seine Ideen zu finden, scheitert. Zarathustras Scheitern freilich lässt sich quasi zu einem Lernprogramm von „Charisma-Maximen" verdichten, Substrat einer großen Philosophie, die die essentiellen Fragen des Menschseins in dieser gefährdeten Welt vorwegnimmt: „Was ist der Sinn der Erde?", fragt Zarathustra.

Bei der Identifizierung des Charisma-Faktors ist Nietzsche der entscheidende Inspirator zur Entwicklung eines charismatischen Koordinatensystems, als erkenntnisleitender Fixstern die Erkenntnissuche in der Welt- und Geistesgeschichte vorantreibend. Die christlichen Ursprünge des Begriffs „Charisma" etymologisch und phänomenologisch freizulegen, erweist sich dabei genauso als hilfreich wie die Spurensuche im Charisma eines Khomeini, die uns eine Erklärung nicht zuletzt auch für die selbsternannten heiligen Krieger des Islamischen Staates liefert. Hilfreich erweist sich auch „Faust", den Johann Wolfgang von Goethe uns als Inkarnation des abendländischen Menschen schlechthin präsentiert, angeleitet von der Personifikation des Bösen in Gestalt eines Mephistopheles. Im Mann

Moses Sigmund Freuds identifizieren wir die charismatische Selbstsuche als beständigen Kampf zwischen Über-Ich und Es. Und die Anthroposophie Rudolf Steiners weist den Weg bei einem der charismatischsten Themen überhaupt, dem der sozialen Gerechtigkeit nämlich. Karl Königs Heilpädagogik wiederum, inspiriert durch die Anthroposophie Rudolf Steiners, hat einen universalen Anspruch der Heilsvermittlung und zeigt konkret Wege auf, wie sich dieses Heil im Alltag manifestieren lässt. Das Gleiche gilt für eine Initiative in der Nibelungenstadt Worms, eine von vielen ganz sicherlich, die sich als ALISA-Stiftung beispielhaft mit sinnvoll eingesetztem privatem Kapital der Relativierung sozialer Notstände durch Bildung verschrieben hat — pars pro toto jenen Weg aufzeigend, der generalisierbar als einzige Antwort auf die großen Fragen unserer Zeit überhaupt gelten kann: Bildung in einem übergreifenden Sinn des Wortes ist das Initial aller verbindlich verbindenden Antworten innerhalb unserer kulturellen Hemisphäre und damit der einzig wirklich relevante und gangbare Weg aus der Krise unseres Menschseins.

Als essentielle Themen der Suche nach dem Charisma-Faktor werden sich die Fähigkeit zur Kommunikation und — darauf basierend — die Etablierung charismatischer Tugenden erweisen, kulminierend in einem eindeutigen Verständnis von Zivilcourage. Denn dieses Buch liefert Hilfe zur Selbsthilfe. Es versteht sich als Ratgeber auf dem Weg zum Charisma und wird so zum Heilsbringer in den Angelegenheiten des eigenen Selbst. Es liefert Anregungen zum Nachdenken und zur Selbstreflektion in einer Welt der Ungewissheit, der Unberechenbarkeit, der Unbestimmtheit, der Widersprüchlichkeiten — diese Widersprüchlichkeiten aufgreifend und in ihrem jeweiligen Kontext auf den Punkt bringend, die Absurdität unserer Existenz überwindend. Charisma ist Sanitätsdienst am eigenen Leben, indem es dessen Grenzen in einem allumfassenden Sinn definiert und gleichzeitig erweitert, Freiheit essentiell lebbar macht — als Befreiung von den Fesseln fehlgeleiteter oder gebrochener Lebensentwürfe und als Freiheit zur Selbstbestimmung im tiefsten Verständnis dieses Begriffs. Dies setzt unvoreingenommenes Fragen und unvoreingenommenes Antworten voraus. Wir machen uns auf die Suche nach dem Wesentlichen im Besonderen. Und selbst wenn dieses Wesentliche uns im Einzelfall fremd erscheinen mag, so lohnt die Auseinandersetzung damit. Denn dieses Wesentliche im Besonderen ist immer konzentriert auf das Übermenschliche in einer aus dem Alltag herausragenden Persönlichkeit, die in einer bestimmten Situation und Entwicklung ihres Lebens auf den Grund ihres eigenen Selbst schaut und in diesem Schauen ausrufen muss: *Hier stehe ich, ich kann nicht anders.* Dass wir diese spezielle Confessio nicht immer und nicht in allen Fällen akzeptieren können, liegt auf der Hand. Aber eine Auseinandersetzung mit dieser Confessio lohnt sich allemal. Ganz im Sinne des griechischen Philosophen Sokrates, dessen Kunst des Fragens und Hinterfragens auch in jeweils anderen Positionen Wesentliches zutage zu fördern imstande war und ist. Mit dieser Kunst des Fragens ausgestattet machen wir uns auf die Suche nach unserem charismatischen Selbst, Friedrich Nietzsches „Also sprach Zarathustra“ konsultierend. Hier bringt Nietzsche „die Umwertung aller Werte“ auf den Punkt, Initial quasi einer sozialen Umdeutung des „Mythos des Sisyphos“ und an dieser Umdeutung scheiternd. Denn die letzten Menschen in ihrer so und nicht anders gewordenen Komfortzone erweisen sich als resilient gegen die von Zarathustra als notwendig erachtete „Umwertung aller Werte“. Inwieweit aber hat das charismatisch inspirierte Soziale in unserer Welt überhaupt eine Chance? Die Beantwortung dieser Frage ist die Essenz dieses Buches.

KAPITEL 1

Nietzsche und die Umwertung aller Werte

Als „ein Buch für alle und keinen" hatte Friedrich Nietzsche „Also sprach Zarathustra" im Untertitel charakterisiert. In dieser Charakterisierung angelegt war die Hoffnung, mit diesem Buch ein möglichst großes Publikum zu erreichen, aber auch die Furcht, nicht, falsch oder sogar missverstanden zu werden. Diese Furcht war berechtigt, wie die Geschichte lehrt. Nicht zuletzt vor diesem Hintergrund liefert Nietzsches Zarathustra ein noch immer aktuelles und relevantes Lehrstück par excellence zur Diagnostik unseres menschlichen Geworden-Seins einerseits, aber auch zur grundlegenden Analyse der Bedingungen menschlicher Existenz in einer so und nicht anders gewordenen Welt andererseits: begrifflich und philosophisch mit Instrumentarien und Vehikeln zur Sensibilisierung und Schärfung unseres Bewusstseins für die Risiken und Gefahren unserer aktuellen, aber auch unserer zukünftigen Wirklichkeit.

Nietzsche vergegenwärtigt uns den Balanceakt des Menschlichen schlechthin über den Abgründen der von uns geschaffenen Welt. Und exakt diesen Balanceakt verpackt er symbolmächtig und metaphorisch in eine scheinbar banale kleine Geschichte in der Vorrede zu seinem Zarathustra.

Diese banale kleine Geschichte ist rasch erzählt. Handelnde Figuren darin: Das Volk, ein Seiltänzer, ein Possenreißer und — Nietzsche selbst, versinnbildlicht in der Figur Zarathustras.

Des Seiltänzers wegen, den Menschen, das Menschliche schlechthin symbolisierend, hat sich das Volk auf dem Markt der Stadt versammelt, um seine Darbietung zu sehen. Zarathustra nutzt die Gelegenheit dieser Versammlung, um seine Lehre vom Übermenschen vorzutragen. Aber das Volk verlacht Zarathustra und fordert die Darbietung des Seiltänzers. Der entspricht dieser Forderung und macht sich ans Werk. „Inzwischen nämlich hatte der Seiltänzer sein Werk begonnen: er war aus einer kleinen Tür hinausgetreten und ging über das Seil, welches zwischen zwei Türmen gespannt war, also, dass es über dem Markte und dem Volke hing. Als er eben in der Mitte seines Weges war, öffnete sich die kleine Tür noch einmal, und ein bunter Gesell, einem Possenreißer gleich, sprang heraus und ging mit schnellen Schritten dem ersten nach." Der Possenreißer beschimpft den Seiltänzer mit fürchterlicher Stimme: „Und mit jedem Worte kam er ihm näher und näher: als er aber nur noch einen Schritt hinter ihm war, da geschah das Erschreckliche, das jeden Mund stumm und jedes Auge starr machte — er stieß ein Geschrei aus wie ein Teufel und sprang über den hinweg, der ihm im Wege war. Dieser aber, als er so seinen Nebenbuhler siegen sah, verlor dabei den

Kopf und das Seil; er warf seine Stange weg und schoss schneller als diese, wie ein Wirbel von Armen und Beinen, in die Tiefe."

Das Volk flieht und Zarathustra widmet sich dem Sterbenden. Dabei entspinnt sich folgender Dialog: „Ich wusste es lange, dass mir der Teufel ein Bein stellen werde. Nun schleppt er mich zur Hölle: willst du's ihm wehren?" „Bei meiner Ehre, Freund, antwortete Zarathustra, das gibt es alles nicht, wovon du sprichst: es gibt keinen Teufel und keine Hölle. Deine Seele wird noch schneller tot sein als dein Leib: fürchte nun nichts mehr!" „Wenn du die Wahrheit sprichst, sagte er dann, so verliere ich nichts, wenn ich das Leben verliere. Ich bin nicht viel mehr als ein Tier, das man tanzen gelehrt hat, durch Schläge und schmale Bissen." „Nicht doch, sprach Zarathustra; du hast aus der Gefahr deinen Beruf gemacht, daran ist nichts zu verachten. Nun gehst du an deinem Beruf zugrunde: dafür will ich dich mit meinen Händen begraben."

Zarathustra harrt neben dem Leichnam aus und spricht zu sich selbst: „Unheimlich ist das menschliche Dasein und immer noch ohne Sinn: ein Possenreißer kann ihm zum Verhängnis werden." Ein Possenreißer, kann unserem Leben, dem eines Seiltänzers über den Abgründen des Daseins, zum Verhängnis werden. Auch viele kleine Possenreißer können durch ihr Treiben einen Absturz, ein Verhängnis verursachen. Die Frage ist nur: Wer sind die Possenreißer? Und wie und woran können wir sie erkennen? Schauen wir zunächst auf Nietzsches Generalbefund: „Wir Europäer befinden uns im Anblick einer ungeheuren Trümmerwelt, wo einiges noch hoch ragt, wo vieles morsch und unheimlich dasteht, das meiste aber schon am Boden liegt, malerisch genug — wo gab es je schönere Ruinen? — und überwachsen mit großem und kleinem Unkraute."

Nietzsches Analyse ist in ihrer Ästhetik und Tragik aktuell wie eh und je. Wir müssen fragen: Auf welche Trümmer blickte Nietzsche? Auf welche Trümmer müssen wir blicken? Was ist das am Boden Liegende? Was genau ist überwachsen mit Unkraut? — Nichts anderes als das Bild vom abendländischen Menschen. Das Bild von jenem Seiltänzer, der als Berufsmensch über dem Abgrund balanciert, über dem Abgrund des Nihilismus, liegt zertrümmert vor unser aller Augen. Nietzsche blickte auf die Trümmer eines Bildes vom abendländischen Menschen. Und selbst wenn dieses Bild immer nur ein Ideal gewesen sein sollte, nie erreicht und nie erreichbar, so müssen wir heute in aller Sachlichkeit notieren, dass es auch dieses Ideal schon längst nicht mehr gibt beziehungsweise dieses Ideal seine Wirkmächtigkeit eingebüßt hat. Dennoch sind die Ergebnisse dieses Wirkens überall auf dieser Welt zu besichtigen, im Kleinen wie im Großen, in allen Bereichen unseres durch diese Wirkmächtigkeit so und nicht anders gewordenen Lebens. Verdienstvolles steht hier als Ergebnis neben Wertlosem, Zweckmäßiges neben Unnützem, Sinnvolles neben Sinnlosem.

Was sind die Verdienste, was die Erfolge des Abendlandes in der Welt- und Geistesgeschichte? Ganz ohne Zweifel: Die Beschäftigung des Menschen mit sich selbst, mit seinem Selbst. Damit verbunden: eine Freisetzung zunächst von geistigen Kräften, die es so und in diesen Ausmaßen in der Menschheitsgeschichte noch nie gegeben hatte. Abendländisches Forschertum und abendländisches Unternehmertum, Hand in Hand arbeitend, haben die Welt und deren Wirklichkeiten revolutioniert, das Antlitz der Erde „zivilisatorisch" verändert, sich die Erde untertan gemacht, dem Gebot des Christengottes folgend. Das damit verbundene Heraustreten des Menschen aus dem Kreislauf der Natur geht einher mit einem völlig veränderten Blick auf den Menschen als Spezies. Der Mensch hat sich seiner eigenen Mitte entfremdet, er ist nicht nur herausgerissen aus gewachsenen sozialen Strukturen sondern auch amputiert von seiner humanitären Wurzel. Schleichend, aber unaufhaltsam. Mag es auch mit den Sprösslingen dieser humanitären Wurzel in der Geschichte der Menschheit noch nie zum besten bestellt gewesen sein, so ist die Totalität dieser Entwurzelung durch die sich selbst dynamisierenden Entfremdungsmechanismen einer vom Menschen geschaffenen Wirklichkeit auf dem unumkehrbar erscheinenden Weg der Vollendung. Wie nirgendwo sonst wird dies deutlich in der wichtigsten Hervorbringung des Abendlandes — der totalitären Ökonomisierung unserer Welt. Nicht von ungefähr beschreibt Friedrich Nietzsche die industrielle Kultur als „die gemeinste Daseinsform, die es bisher gegeben hat."

Das Ergebnis dieser Ökonomisierung? Der homo oeconomicus westlicher Prägung. Der beherrscht die Erde — bis hinein in die Tiefendimension unserer Seele. Seine Tyrannei kennt keinen Tyrannen, mit dessen Beseitigung auch dessen Herrschaft zu beenden wäre. Die Herrschaft des homo oeconomicus ist ein systemisches Phänomen, dessen Protagonisten selbst versklavt sind, in der Regel ohne sich dieser Versklavung bewusst zu sein. Genau in dieser omnipräsenten Sklaverei ohne konkreten Potentaten liegt die Tragödie des Menschen in unserer Zeit.

Wenn der Mensch des Menschen Wurzel ist, wie es Marx metaphorisch formuliert hatte, ist das menschliche Stigma in unserer Zeit die Entwurzelung des Menschlichen selbst. In der Tat scheint es den Menschen gelungen zu sein, den Menschen zu entwurzeln. Unsere Fähigkeit zur Radikalität hat sich gegen die eigene Spezies gewendet. Der große Prozess der Humanisierung unserer Welt seit Reformation und Renaissance wurde zum kleinen Rinnsal von Notprogrammen für jene Ärmsten reduziert, die zufällig durch eine Naturkatastrophe in unser Bewusstsein gerückt werden. Kein Missverständnis: es ist wichtig, dass es diese Hilfsprogramme gibt. Die wirkliche Katastrophe der Humanität hat aber ganz andere Dimensionen. Denn sie betrifft uns alle. Ohne Ausnahme. Wenn Einzelne in dieser Gesellschaft Einkünfte haben, die — marxistisch formuliert — den Wert des Produkts ihrer Tätigkeit drastisch übersteigen, stehen diese zwar zu Recht am Pranger. Letztlich sind aber auch diese Getriebene. Getrieben von der Gier nach Haben und immer mehr Haben. Der Besitz wird zum Selbstzweck. Dabei sollte doch der Mensch sich selbst ein Zweck sein, wie etwa Erich Fromm zu Recht meinte. Wie hatte Max Weber, sicherlich einer der brillantesten und einflussreichsten Analytiker der modernen

Welt, schon in der frühen Morgenröte des 20. Jahrhunderts mahnend gefragt: Was wird angesichts eines sich unaufhaltsam selbst dynamisierenden Kapitalismus geistig seelisch aus den Menschen? Webers Antwort wurde oft zitiert: „Fachmenschen ohne Geist, Genussmenschen ohne Herz: Dies Nichts bildet sich ein, eine noch nie vorher erreichte Stufe des Menschentums erstiegen zu haben".

Der homo oeconomicus ist seines eigenen Selbst zutiefst entfremdet, marionettenhaft von außen gesteuert, seiner individuellen Mitte verlustig und ohne Tiefe. Er ist Projekt und Produkt des Marktes in einem — und nicht mehr. Seit Heisenbergs Unbestimmtheitsrelation wissen wir vom Einfluss des Beobachters auf das Beobachtete, daraus schlussfolgernd können wir den Einfluss seelisch atomisierter Individuen auf die allgemeine menschliche Befindlichkeit, das Menschenbild der Moderne, diagnostizieren. Die Casino-Mentalität des modernen Kapitalisten scheint sich in allen Bereichen des menschlichen Lebens ausgebreitet zu haben. Die Eindimensionalisierung des Ökonomischen durch den Kapitalismus moderner Prägung, Max Weber zufolge die schicksalhafteste Macht in unserem Leben, hinterlässt gravierende Spuren: Zu Recht notierte Erich Fromm, dass der sogenannte „Realismus" unserer Zeit ein Komplement zum Irrsinn sei. Dabei hat auch Ökonomie etwas mit Seele zu tun, wie wir seit Aristoteles wissen. Eine Erkenntnis, die wir seit der Erfindung des Konsumismus durch dessen Marketing-Experten systemisch instrumentalisieren. Zurück bleibt ein Kaleidoskop seelischer Fragmente: ein Spielball unterschiedlichster

Interessen in allen Bereichen des öffentlichen, wirtschaftlichen, wissenschaftlichen und privaten Lebens in unserer Zeit.

Aufs Äußerste gesteigert wird dieser Befund durch die Digitalisierung unseres Hier und Jetzt. Die Ökonomie des Augenblicks, in Goethes Faust als Pakt mit dem Teufel in unserem Bewusstsein manifestiert, dominiert das Denken und Handeln fast jedes Einzelnen zumindest in jenen Breiten unseres Globus, die wir gemeinhin als „zivilisiert" zu attribuieren uns angewöhnt haben.

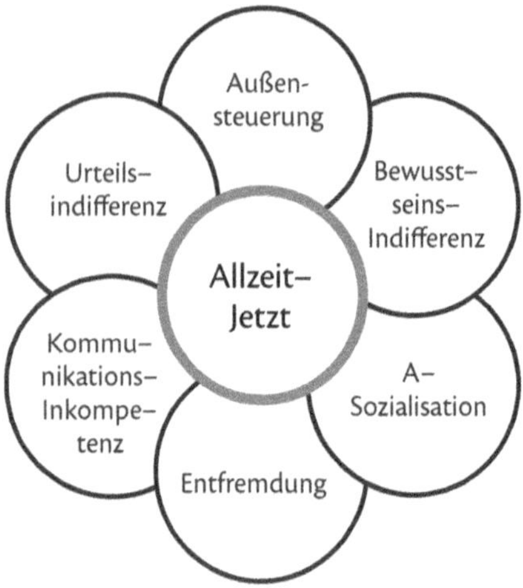

Der Einzelne im Allzeit-Jetzt

Das Allzeit-Jetzt in unserer zivilisierten Hemisphäre ist schon längst keine Metapher medienkritischer Sonderlinge mehr, sondern Definiens unseres medialen so und nicht anders Gewordenseins in dieser Zeit und in dieser

Welt und gleichzeitig Konstitutiv der Augenblicks-Ökonomie. Diese Augenblicks-Ökonomie bestimmt zunehmend auch unser politisches Denken, Urteilen, Entscheiden und Handeln.

Wir sind rund um die Uhr online bzw. können dies sein, wenn wir das wollen. Und in nicht wenigen Berufen gehört die Online-Mania zum pathologischen Berufsbild mit dazu. Die Tyrannei des Augenblicks gewinnt mephistotelische Züge. In Anbetracht der Gleichgültigkeit einer sich vom Menschen lossagenden technologischen Grammatik wirkt der mit dem Blut unterzeichnete Vertrag eines Doktor Faust mit dem Teufel auf seltsam bizarre Art menschlich.

Die Ökonomie des Augenblicks
dominiert unser Leben

Denn die quasi anonymisierte Machtergreifung der Augenblicks-Ökonomie hat die Antriebsdynamik eines Perpetuum mobile ohne menschliche Führung und Leitung. Die totalitäre Allmacht des Medialen ist das Ergebnis unaufhaltsamen technologischen Fortschritts, der die Möblierung unserer Wirklichkeit in jeder Hinsicht verändert hat. Wie ein weltumspannender Nebel hat sich die virtuelle Realität in unsere Wahrnehmung des Wirklichen eingenistet, verändert alle Konturen des Menschlichen, legt Inhalte unseres Bewusstseins fest und definiert dessen Grenzen. Die Sprache, zweifellos das wichtigste Medium des Menschen überhaupt, mehr noch: der Nukleus seiner Wesensbestimmung, verarmt mit einer sich selbst beschleunigenden Dynamik. Die Ökonomie des Augenblicks beraubt das Wort seiner Tiefe, den Text seiner Schönheit, die Syntax ihrer Logik. Eine Verarmung der Sprache ist aber gleichbedeutend einer Verarmung des Menschen.

Aber schauen wir auf ein ganz konkretes deutsches Thema, das die Possenreißer unterschiedlicher Couleur auf den Plan ruft: die sogenannte „Energiewende". Als Paradigma par excellence gepriesen ist die Energiewende tatsächlich allenfalls ein Paradigma im Westentaschenformat. Wer die Entwicklung hin zur Energiewende in den letzten drei Jahrzehnten Revue passieren lässt, stößt auf Initiatoren, die durchaus den Anspruch für sich reklamieren konnten, charismatisch bewegt gewesen zu sein: die Grünen nämlich. Um die zweifellos charismatische Petra Kelly und ihren Anhang war ein klassenübergreifender Kult entstanden mit einem immensen Polarisierungs-Potential, dem sich zu entziehen kaum möglich war. Entweder man war dafür oder aber man war dagegen. Es ging den Grünen um nichts Geringeres als um die Rettung der Natur, in der Folge die Umwelt, dann das Klima. Und dann das von Angela Merkel eingeläutete Ende der Geschichte: die Energiewende. Das übergreifende Thema der Natur-Rettung haben die technokratischen Possenreißer der politischen Macht zu einem wirtschaftlich technologischen Machbarkeits-Problem kleingeredet. Pragmatiker sprechen sogar davon, dass die aktuelle Politik auf eine sehr vernünftige Art und Weise eine Entideologisierung betrieben habe. Damit wird freilich der Anspruch der Entideologisierung selbst zur Ideologie. Auch der Pragmatismus nämlich ist eine Ideologie, vielleicht die fatalste überhaupt, die Menschen hervorgebracht haben. Denn alles, was technisch machbar sei, werde auch gemacht, hatte Hannah Arendt dereinst gemutmaßt — und Recht behalten. Machbar ist, was finanzierbar ist. Dementsprechend ist die grüne Bewegung zwischenzeitlich in einem verbürokratisierten Partei-Apparat erstarrt. Speziell im Blick auf die Energiewende sehen wir uns konfrontiert mit einer eindimensionierten Politik, verbrämt durch ein krampfhaftes Sich-wichtig-Nehmen ihrer Protagonisten. Eine schlecht geplante, schlecht gemanagte Energiewende wurde zum Symbol politischen Versagens in toto. Denn die Überforderung des menschlichen Selbst in der Zivilisation gehört zum Programm eines menschenfernen, unkontrollierbaren Systemautomatismus. Arnold Gehlen hatte in diesem Zusammenhang den Begriff „Super-Struktur" geprägt und Lewis Mumford von der „Mega-Maschine" gehandelt.

Das Ergebnis: eine totale Außensteuerung, repräsentiert in einer Klasse überforderter Possenreißer. Mehr als dies: Die mit den Possenreißern verbundene Krise ist systemischer Natur. Die Possenreißer-Mentalität beansprucht übermenschliche Qualitäten einerseits und weist Überforderung weit von sich. Das Possenreißer-Profil moderner Prägung entspricht dem einer Rechenmaschine auf zwei Beinen-seelen- und damit gefühllos. Fürsorge und menschliche Zuwendung gegenüber Untergebenen widerspricht dem streng rational reglementierten Produktivitäts-Prinzip seines Wirtschaftsverständnisses und gehören deswegen nicht in die Kataloge seiner Verhaltensmuster und seiner Führungskultur. Die Ergebnisse in toto sind verheerend, in einzelnen Unternehmen gefährlich, weil Angst sich wie ein lähmender Nebel in den Unternehmensalltag einschleicht. Die nicht eingestandene bzw. unterdrückte Angst der Possenreißer an den Schalthebeln wirtschaftlicher Macht trifft auf die nicht eingestandene bzw. unterdrückte Angst der Ohnmächtigen im wirtschaftlichen Prozess. Beim wirtschaftlich Mächtigen gehört die Abwesenheit von Angst zum herbeigeredeten Selbstverständnis, beim wirtschaftlich Ohnmächtigen zu einer Art Meta-Symptom von Angst: Wenn ich Angst zeige, erleide ich Nachteile. Diese Gefühle verleugnende Angstkultur kennt nur ein Allheil-Mittel: die Berufung zum Geldverdienen nämlich.

Eine umfassende Bedrohung durch Angst ist die Folge. Der einzelne Mensch ist nicht mehr nur den Unbilden der Natur ausgeliefert oder dem Macht-Wahnsinn politischer Potentaten, auch die zivilisatorischen Errungenschaften selbst wenden sich bedrohlich gegen ihn selbst — speziell die ökonomischen Gewalten, heißen diese nun Konjunktur, Inflation, Deflation, Arbeitslosigkeit, Unrentabilität, Rezession oder wie auch immer. Die Gefährdungen sind tausendfacher Natur, lassen sich jeden Tag neu benennen und quasi jeden Tag kommen neue dazu.

Eine Gegensteuerung von innen tut not. Unter Rückgriff auf eine lange Tradition abendländischen Denkens wird bei Friedrich Nietzsche der Übermensch zum Überwinder der Not, zum Überwinder des von ihm diagnostizierten Nihilismus. Dieser „Übermensch" Nietzsches ist ein gedanklicher Entwurf, der ausschließlich auf das Individuum zielt. Es gibt deswegen auch den Übermenschen nicht im Plural sondern nur in der Einzahl, als ein zu seinem Selbst gekommener Einzelner, dessen Charisma-Faktor in Vollendung entwickelt ist. Genau in diesem Sinn wird der Übermensch als Charismatiker zum Schöpfer einer Verheißung von einer besseren Welt und zu deren wirkmächtigem Kommunikator. Macht korreliert in seinem Selbstverständnis immer auch mit der Verantwortung gegenüber den Empfängern seiner Botschaft. Der Botschafter ist demütiger Diener einer Idee vom neuen „guten" Menschen. Durch die konsequente Verfolgung dieser Idee wird der Übermensch zum Überwinder „der letzten Menschen", der Possenreißer. Er gibt dem Menschen seine angestammte Würde zurück, indem er ihn die Primitivität der Ohnmacht überwinden, Macht über sein Selbst gewinnen lässt: Ich kann, weil ich will. Der Übermensch ist Vollendung und Vollender. Vollendung seines eigenen Selbst und Vollender der menschlichen

Bestimmung, Sinn und Sinnhaftigkeit aus dem eigenen Selbst schöpfend.

Wie zerbrechlich und gefährdet diese menschliche Bestimmung zum Guten jedoch ist, wie oszillierend in Anbetracht vieler Ideen vom Guten, die verwirklicht werden wollen, verdeutlicht die islamische Revolution im Herkunftsland Zarathustras, im Iran des späten 20. Jahrhunderts. Dieser Revolution wollen wir uns exemplarisch mit der Frage nach dem Charisma-Faktor und dessen Anteil an dieser Revolution zuwenden.

KAPITEL 2

Das Charisma Khomeinis

„Zunächst um des bloßen Lebens willen entstanden, dann aber um des guten Lebens willen bestehend", vermerkt Aristoteles über das Wesen der Gemeinschaft. Es wäre hinzuzufügen: Deswegen ab und zu auch mal verändert im Verlauf der Geschichte. Denn dass der Mensch in Gemeinschaften leben muss, entspricht schon biologischer Notwendigkeit. Dass er diese Gemeinschaften verändert, mitunter sogar zerstört, um scheinbar neue, scheinbar bessere zu schaffen, bindet ihn ein in das Werden und Vergehen, macht ihn zu einem geschichtlichen, das heißt auch zu einem nach etwas Besserem (als dem gerade Vorhandenen) strebenden Wesen. Solange dieses Streben sich an relativen Zielen orientiert und sich nicht im Besitz der einen, absoluten Wahrheit glaubt, setzt das alltägliche Prozesse in Gang, die der sozialen Verfassung einer aufgeklärten Gesellschaft ihre Grundlagen belässt. Jede Absolutheit beanspruchende Wahrheit jedoch, jede Utopie, die radikale Vorstellung einer besten Gesellschaft zum Beispiel, oder der Anspruch auf das Monopol zur Offenbarung allein selig machenden Heils stellt die jeweils geltende Ordnung in Frage, initiiert die Revolution, jedenfalls da, wo sich das Heil sozial manifestieren möchte — Realität geworden zum Beispiel im Iran in den späten Siebzigerjahren des letzten Jahrhunderts. Im Zentrum dieser Revolution: das Charisma Khomeinis — und damit verbunden die Idee einer idealen Gesellschaft, der *umma*.

Wie nirgendwo sonst in der jüngeren Geschichte lässt sich am Beispiel der iranischen Revolution charismatisches Wirken verdeutlichen. Und am Beispiel dieser Revolution wird wie in kaum einem anderen Kontext die seelische Tiefenstruktur des Menschen deutlich: unsere letzten Werthaltungen sind kulturell beziehungsweise religiös geprägt und damit über die Grenzen der Kulturen hinweg nicht gegeneinander aufzuwiegen. Was hierzulande gilt, gilt nicht notwendigerweise auch andernorts.

Das Koordinatensystem der Werte in der umma Khomeinis jedenfalls trägt alle Merkmale einer geschlossenen Gesellschaft mit moralischen Maximen, die mit denen unserer westlich aufgeklärten Welt schwerlich in Übereinstimmung zu bringen sind. Mehr noch: Es sind sogar genau diese westlichen Werte, die radikal angezweifelt werden — und mit diesem Zweifel einher geht die radikale Ablehnung der damals von Schah Reza Pahlewi in Angriff genommenen „Verwestlichung".

Die Spurensuche dieser in der Revolution endenden Ablehnung führt fast zwangsläufig zu Ali Schariati, einem iranischen Religions-Soziologen und einflussreichen theoretischen Wegbereiter der Revolution. Leben und Werk

Schariatis sind vieldimensional und widersprüchlich, im Zentrum seiner Lehren stehen jedoch einerseits die Rolle des schiitischen Märtyrers und andererseits seine Kritik an der westlichen Welt. Nach seinem Tod 1977 wurde er — durchaus im Sinne seiner eigenen Weltanschauung — von seinen Anhängern in den Rang eines Märtyrers erhoben. Diese „Märtyrer"-Weihe heizte die Stimmung gegen Mohammed Reza Pahlewi weiter auf, ein charismatischer Erfolg Schariatis post mortem sozusagen. Relevant im Zusammenhang jedoch mit dem prärevolutionären Iran sind in erster Linie Schariatis Theorien, mit denen auseinanderzusetzen sich durchaus auch heute noch lohnt. Denn sie treffen den kritischen Kern auch unserer eigenen Zeit und unserer eigenen Befindlichkeit. Ali Schariati fordert nämlich nichts Geringeres als die Rückkehr zur eigenen islamischen Identität und den Bruch mit den westlichen Werten. Letztere sieht er eindeutig ökonomie-getrieben und das Diener-Dasein für den nimmersatten Westen gilt ihm als Farce: „Wir haben nicht einmal mehr die Fähigkeit, unsere Getränke auszusuchen. Welcher verirrte Geschmack hat schon den Mut zu sagen: ‚Mir schmeckt kein Coca-Cola...'", so Schariati damals.

In einer Rede mit dem Titel „Zivilisation und Modernismus" im Dezember 1973 verdeutlicht Schariati am Beispiel eines Filmklassikers, was er für sich als wesentliches Problem der westlichen Welt identifiziert hat — die Entfremdung des Menschen von sich selbst. Der Film, auf den Schariati Bezug nimmt, ist Charly Chaplins „Moderne Zeiten". Ein Hollywood-Film zur Erklärung der islamischen Revolution im

Iran? Ja. Denn Ali Schariati nimmt den Film zum Anlass, die systematisierte, alles und jeden einbeziehende Ökonomie des Westens, in seinen Worten: „den Modernismus", auf den Prüfstand zu stellen. In der Tat kritisiert Charly Chaplin in „Moderne Zeiten" den Verlust von Individualität und Persönlichkeit unter dem Zeitdruck und der Monotonie durch die von Maschinen geprägten Arbeitsabläufe der Wirtschaft. Chaplin stellt die unheilvollen gesellschaftlichen, wirtschaftlichen, technologischen Wechselwirkungen dar, legt psychologische Grundmuster offen — etwa, dass nur der „etwas" gilt, der zur Kommunikation befähigt ist und die entsprechenden technischen Mittel dazu besitzt. In „Moderne Zeiten" wird der Tramp mithilfe der Kommunikations-Technologie zum charismatischen Revolutionär, der das System „Wirtschaft" überwindet: Technik als Vehikel charismatischer Effektivität.

Für Schariati bildet die aus der rationellen Arbeitsmechanik resultierende Entfremdung einen wesentlichen Teil seiner Systemkritik. Aber er geht noch weiter. Sein entscheidender Angriffspunkt ist die auf permanentes Wachstum angelegte, kapitalgesteuerte, vor allem jedoch exportorientierte und damit Universalität reklamierende Wirtschaftsweise des Westens. Die unaufhaltsame Dynamik dieses ökonomischen Perpetuum mobile versklave den Menschen an sich, indem er ihn zum Produktionsgehilfen und Konsumenten in einem abrichte, und zwinge speziell die westliche Spezies dazu, auch den Rest der Welt zu Verbrauchern westlicher Waren abzurichten. Denn die vom ökonomischen System des Westens geforderte Produktivitätssteigerung als Systemzweck mache Grenzüberschreitungen zwingend erforderlich. Im Ergebnis führt die grenzüberschreitende Dynamik letztlich zur Globalisierung — in der uns bekannten Form von Schariati allerdings noch nicht vorausgesehen. Für Schariati stand noch mehr der Verlust der kulturellen Identität in den „Absatzmärkten" des Westens im Mittelpunkt. Der Plan hinter dieser Ökonomik? „Der Plan lautet, dass alle Menschen auf der Erde vereinheitlicht werden müssen. Sie müssen die gleiche Lebensform und die gleiche Denkweise haben."

Diese Systemkritik ist geläufig, bringt vertrautes Unbehagen und Grundmuster der Dissonanzen in unseren Breiten auf den Punkt. Ähnliches hatte auch die RAF propagiert. Und es bedarf keiner allzu großen Phantasie, einen Bogen auch zu den Dschihadisten und IS-Terroristen unserer Tage zu schlagen. Auch die Ablehnung der barbarischen Praktiken dieser von wem auch immer ernannten „Heiligen Krieger" kann jedoch nicht über die Notwendigkeit einer Ursachenforschung für diesen Dschihad hinwegtäuschen. Denn es ist sehr wahrscheinlich, dass sich hinter diesem IS-Terror auch die schon von Schariati propagierte Ablehnung unserer westlichen Lebensweise verbirgt. Und möglicherweise werden wir bei einer entsprechenden Ursachenforschung bei genau jenen Argumenten landen, wie wir sie als weltanschauliches Fundament der islamischen Revolution im Iran bereits kennengelernt haben — wobei eine Ironie der Geschichte darin liegt, dass Vertreter des schiitischen Islam heute ebenfalls zu den Todfeinden von IS und anderen sunnitischen Extremisten zählen. Islamischer

Fundamentalismus hat eben auch andere, in der religiösen Ausrichtung und Historie verankerte Gründe und nicht nur die radikale Ablehnung westlicher Werte. In dieser allerdings sind sie sich mehr als einig.

Letztlich zum Ausdruck in derlei Kritik kommt das Grundrauschen eines verbreiteten Zweifels an der Grundverfassung unserer so und nicht anders gewordenen Welt im Westen. Dem ökonomisch kapitalistischen Fundamentalismus des Westens will die islamische Revolution im Iran einen eigenen Fundamentalismus entgegensetzen. Mit spezifisch eigenen Werten und einem spezifisch eigenen Menschenbild. Mit diesem Menschenbild verbunden ist der Anspruch, der metaphysischen Belanglosigkeit des Westens ein absolutes Signal der Sinnhaftigkeit und der Selbstgewissheit in letzten Fragen zu vermitteln: Hier stehe ich, ich kann nicht anders. Und: Ich bin bereit, für meine Überzeugungen zu sterben.

Diese Maxime ist ein wesentlicher Mosaikstein des Glaubens im iranischen Schiismus und erklärt die Ursprünge und das Wesen des Märtyrertums als Grundlage einer speziellen Haltung gegenüber der Welt überhaupt.

Das Schiitentum (von Schia arabisch: Partei) entstand im siebten Jahrhundert. Ausgangspunkt war der Streit um die Nachfolge des 632 gestorbenen Religionsstifters Mohammed. Die Schiiten bestanden darauf, dass nur ein leiblicher Nachfolger des Propheten legitimer Kalif sein könne. Ali, Neffe und Schwiegersohn des Islamgründers, setzte sich im zweiten Anlauf durch, wurde aber von der zweiten großen religiösen Gruppierung des Islam, den Sunniten, nicht anerkannt.

Fünf Jahre nach seiner Einsetzung als Kalif wurde Ali ermordet. Auf Ali folgte dessen Sohn Hussein, ein Enkel Mohammeds also. Hussein wiederum starb 680 in Kerbela, Irak, als „Märtyrer“ bei der Schlacht zwischen seinen zahlenmäßig unterlegenen Anhängern und den Truppen der Sunniten. Diese blutige Schlacht begründet bis heute die Feindschaft zwischen Sunniten und Schiiten und die Relevanz des Märtyrertums bei den Schiiten gleichermaßen. Die Schiiten gedenken der Schlacht bei Kerbela und der „Schlachtung“ Husseins am Aschura-Tag, ihrem höchsten Feiertag. Hussein war insofern der erste Märtyrer der Schiiten. Ihm sollten viele folgen, denn dem Märtyrer werden paradiesische Freuden im Himmel zuteil.

Exakt dieses Credo war der Ausgangspunkt der revolutionären Bewegung im Iran und befeuerte die Durchschlagskraft der Revolution genauso wie das Durchhaltevermögen der Iraner im daran anschließenden, zehn Jahre dauernden Krieg mit dem von Saddam Hussein, einem Sunniten, geführten Irak. Im Zentrum dieser für uns so fremden Welt: das Charisma Khomeinis.

Wer war dieser Khomeini? Worin äußerte sich seine Wirkung innerhalb der Bewegung?

Ayatollah Ruhollah Musavi Khomeini wurde am 24. September 1902 in Khomein nordwestlich von Isfahan in Zentraliran geboren. Er stammt aus einer alten Gelehrtenfamilie. Bereits mit 30 Jahren hatte Khomeini den Ijtihad-Grad, den höchsten theologischen Rang, erreicht, der ihm eine besondere Karriere ermöglichte. Khomeini war schon in den ersten Jahren seines Wirkens nicht nur der führende

Geisteswissenschaftler, er war schlicht ein geistiger Führer, ein „Vater" für seine rund 1500 Ijtihad-Anwärter, die er ausgebildet hat.

Seinen Anhängern zufolge bestand Khomeinis spezifische Gabe darin, dass er alle Dimensionen des Menschlichen zu erreichen und zu verbinden vermochte. Seine Macht äußerte sich gemeinschaftsstiftend, Himmel und Erde, Gott und Welt in einem tief empfundenen „Wir" vereinend. Das starre, diesseitige, der Religiosität entfremdete Schah-Regime wurde durch das religiöse Feuer dieser glaubensergriffenen, durch das Charisma Khomeinis beseelten Gemeinschaft des Volkes hinweggebrannt. Mit Khomeinis Auftreten korrelierte die Chance zur Veränderung, Umwandlung, Revolution. Und sie wurde wahrgenommen.

Die Verinnerlichung der von Khomeini deklarierten Ziele durch die Gläubigen vollzog sich während seiner Reden. Vervielfältigt durch Tonbänder wurden sie in allen Moscheen im Iran abgespielt und mobilisierten die Revolutionsmassen. Es war die Integrität seiner Persönlichkeit, die ihn zum Führer werden ließ und der Bewegung damit eine einheitliche Richtung ermöglichte.

Freilich muss deutlich gesehen werden, dass die Zeit beim Auftreten Khomeinis „reif" war für eine imminente Heilserwartung der Revolution. Ja, die eigentlich vom Ansatz her säkulare Botschaft Khomeinis zur Beseitigung des Schah-Regimes konnte sich auf breite Fundamente transzendental religiöser Art in der Glaubensgemeinschaft der iranischen Schiiten stützen. So hat sicherlich das subjektive und das objektive Empfinden des Unterdrücktwerdens und das

Ausbleiben der gerechten islamischen Gemeinschaft ihre Kampfbereitschaft für ihre islamischen Überzeugungen gestärkt. Ihre besondere Qualität gewinnt diese Gemeinschaft durch ihre transzendental religiösen Dimensionen, letztlich: den Glauben an die Gemeinschaft mit Gott. Dieser Glaube sprengt alle irdischen Fesseln und disponiert seine Anhänger für die durch die geistigen Führer vermittelten, somit als göttlich empfundenen Ziele. Für diese Ziele sind die Gläubigen bereit zu kämpfen und — zu sterben.

In der islamischen Revolution im Iran wurde das von einem charismatischen Führer verkündete Heil zum nervus rerum einer Unterscheidung von Freund und Feind. Geht im „normalen" politischen Alltag einer „offenen Gesellschaft" (Popper) die Konsensbildung der Geltung einer Ordnung logisch wie faktisch voraus, so setzt die sich revolutionär gestaltende Ordnung solche Abläufe außer Kraft. Den gewaltsamen Integrismus („Und willst du nicht mein Bruder sein, so hau ich dir den Schädel ein") kennen die Revolutionsgeschichtchen der Historie genauso wie den bekennerischen (dulce et decorum est pro patria mori) — beides Spielarten, die dem alltaglichen gesellschaftlichen Integrationsprozess einer demokratisch verfassten Gesellschaft fremd sind. Oder sind in einer aufgeklärten Gesellschaft Phänomene spiritueller Gefolgschaft oder des Märtyrertods denkbar? Als charismatische Phänomene gehören beide in den Komponenten-Katalog der iranischen Revolution. So ist denn auch das Prinzip von leben und leben lassen, Toleranz, die Sache des revolutionären, vor allem des religiös fundamentalistischen Integrismus nicht.

Dem Integrismus eignet im Gegenteil ein entschiedener Abgrenzungscharakter, die Diskriminierung derer, die nicht integrierbar sind. Damit aber enthüllt sich der Januskopf dieses Ansatzes: Diskriminierung gehört notwendig zur integristischen Inbesitznahme des Heils dazu. Gerechtigkeit, auch soziale Gerechtigkeit, gibt es nur für die Gläubigen.

Von besonderer Relevanz des postrevolutionären Iran: die Verfassung der islamischen Republik Iran, in 175 Grundsätze gegossenes Ergebnis einer immer noch nicht zur Ruhe gekommenen Revolution. Diese Verfassung ist letztlich nichts anderes als ein Dokument der Veralltäglichung von Charisma in Reinkultur. Dort heißt es:

„Der iranische Staat ist eine islamische Republik, für deren Errichtung das iranische Volk aufgrund seiner langgehegten Überzeugung von der Geltung der Wahrheit und Gerechtigkeit des Koran nach Ausbruch seiner siegreichen islamischen Revolution unter der Führung des würdigen religiösen Oberhauptes Ayatollah Imam Khomeini durch eine Mehrheit von 98,2 Prozent aller Stimmberechtigten bei einer Volksbefragung am 10. und 11. Farwardin 1358 (= 30. und 31. März 1979) gestimmt hat."

Nicht zuletzt die Gottesstaatlichkeit verankert dieser Grundsatz 1 der Verfassung der islamischen Republik Iran. Ihre Legitimation bezieht die Herrschaft dieser Republik aus dem Koran und — aus dem Charisma Khomeinis. Sie ist damit sowohl traditional als auch charismatisch legitimiert. Ganz im Sinne Schariatis ist denn Khomeinis wesentliche Leistung die Wiederentdeckung der alten Werte, das Verwerfen der Werte des westlichen Fortschritts zugunsten der islamischen Tradition. Das persönliche Charisma Khomeinis hat bei dieser Leistung Vermittlerfunktion: die charismatische Interaktion zwischen Führer und Geführten erleichtert die Restaurierung der „gottgewollten“ Ordnung. Khomeini wirkt dabei wesentlich als Prophet, als Verkünder der Wiederkehr des zwölften Imam, in seiner charismatischen Funktion darin mit jener des Paulus zwei Jahrtausende vorher vergleichbar. Im Gegensatz zu Paulus allerdings kann sich Khomeini bereits auf die etablierten Rituale einer in eine unbestimmte Zukunft verlagerten Einrichtung der idealen Gesellschaft stützen. Die Rituale selbst sind veralltäglichte Ingredienzien charismatischen Wirkens. Das imminente Heil gehört nicht in den Erwartungskatalog der Khomeini-Gefolgschaft im Zusammenhang mit der von ihm initiierten Revolution.

In der Verfassung ist die Vermittler- und Statthalterfunktion Khomeinis — und die seiner Nachfolger — bis zur Wiederkehr des Imam Mahdi sogar festgeschrieben: „In der Islamischen Republik Iran steht während der Abwesenheit des entrückten zwölften Imam — möge Gott, dass er baldigst kommt — der Führungsauftrag (imamat) und die Führungsbefugnis (welayet-e-amur) in den Angelegenheiten der islamischen Gemeinschaft dem gerechten, gottesfürchtigen, über die Erfordernisse der Zeiten informierten, tapferen, zur Führung befähigten Rechtsgelehrten zu, der von der Mehrheit der Bevölkerung als islamischer Führer anerkannt und bestätigt wurde. Falls kein islamischer Rechtsgelehrter eine solche Mehrheit findet, übernimmt ein Führungsrat islamischer Rechtsgelehrter, welche die obigen Voraussetzungen erfüllen, gemäß Grundsatz 107 die Führung."

Die traditional legimitierte Ordnung hat sich — das ist durch diesen Grundsatz 5 sogar als Möglichkeit für alle Zukunft in der Verfassung festgeschrieben — eines charismatischen Vehikels zur Durchsetzung ihrer Geltung bedient. Im Grundsatz 2.2. heißt es lapidar: „Imamat und seine ständige, grundlegende und immerwährende Führungsrolle im Fortbestand der islamischen Revolution...".

Welche Wirkungen ein solcherart verfasster, nicht zuletzt charismatisch vermittelter Integrismus zu zeitigen vermag, verdeutlicht die Entwicklung im post-revolutionären Iran. Zumindest der „aufgeklärte" Westen tut sich nach wie vor sehr schwer mit dem fundamentalistischen Wertekosmos dieser religiös inspirierten fundamentalistischen Gesellschaftsordnung. Als ein Beispiel unter vielen sei hier Grundsatz 154 zitiert: „Obwohl sie (die islamische Republik Iran) sich jeder Einmischung in die inneren Angelegenheiten anderer Nationen enthält, unterstützt sie den gerechten Kampf der Unterdrückten gegen die Unterdrücker in aller Welt." Welch ein verfassungsmäßig begründeter Freibrief auch zur Anzettelung von Revolutionen! Beheschti, erster oberster Richter des revolutionären Iran, liefert die Interpretation dieses Grundsatzes in seinem Vortrag „Grundlegende Phasen einer gesellschaftlichen Bewegung": „Der *Dschihad* genannte Offensivkrieg im Islam ist der Kampf der siegreichen Kräfte gegen diejenigen, welche die Befreiungsbewegungen in der Welt unterdrücken. Dieser Kampf ist zur religiösen Pflicht erhoben worden, weil nicht selten siegreiche Befreiungsbewegungen zu statischen Institutionen erstarren, die nicht bereit sind, die gleichen Anstrengungen für andere Völker zu unternehmen. Hier sind die Ursachen des Revisionismus in etablierten Ideologien zu suchen. Eine dynamische Freiheitsbewegung muss diesen Gefahren vorbeugen."

Zum Dschihad gehört, dass das Leben als solches nicht der Güter höchstes ist. Verdeutlicht wird diese Überzeugung von der Bedeutung des Märtyrer-Todes im Verständnis der islamischen Revolution. Speziell die Märtyrer führen uns in absoluter Konsequenz immer wieder die Grenzen unserer eigenen Lebensweise vor Augen, die das Leben um des Lebens willen über alles stellt. Wie schon im frühen Christentum gibt es im Islam Menschen, die bereit sind, für ihre Überzeugung, für ihren Glauben zu sterben. Eine Tatsache, die uns hierzulande hochgradig irritiert — spätestens seit dem Attentat auf die Zwillingstürme in New York am 11. September 2001.

Die Bereitschaft, diese eine finale Grenze zu überschreiten und im konkreten Fall als Attentäter im Auslöschen des eigenen Lebens und vieler anderer Leben unerbittlich und überzeugt absolut wirkend in die Wirklichkeit einzugreifen und endzeitliche Zeichen zu setzen, beunruhigt und ängstigt uns. Welches Charisma hält hier des Lebens Fäden in der Hand? Mehr noch: Welches Charisma ist bereit, diese Fäden aus der Hand zu geben? Sind die Märtyrer „lediglich" Gefolgsleute eines charismatischen Führers, der ihnen den Märtyrertod nahelegt oder gebietet? Oder folgen sie einem eigenen Charisma, das seine Wurzeln im Jenseits des irdischen Lebens hat, Religion in einem transzendierenden Sinn als Wiederanknüpfung mit einem Ewigen begreifend?

Wie auch immer: Wir müssen diese Fragen offen lassen als Terrain der Ungewissheit und Gefahr außerhalb unserer eigenen kulturellen Antworten, diese immer wieder aufs Neue mit höchst unangenehmen Tatsachen konfrontierend. Was dem einen das Reich des Bösen ist, ist dem anderen das Reich Gottes. Gleiches gilt für das Charisma, das quasi repräsentativ Gut und Böse versinnbildlicht, aber auch in konkrete Realität überträgt und sich genau mit dieser Übertragung charismatische Gefolgsleute verschafft. Was aber ist gut und was ist böse in dieser „menschlichen" — will sagen: von uns Menschen geschaffenen — Welt? Ob wir es wollen oder nicht: Wir sind entweder Parteigänger der Guten oder aber Parteigänger der Bösen. Unterschiede in den damit verbundenen Haltungen werden durch den Grad ihrer jeweiligen Radikalität definiert. Es gibt das radikal Böse, es gibt aber auch das radikal Gute. Irritation bei uns und in unserem Verständnis erzeugt das eine wie das andere. Und zwar eben genau der damit jeweils verbundenen radikalen Unabdingbarkeit wegen. Keine lauen Zwischentöne, Null-Toleranz, das Gute gilt genauso absolut wie das Böse. Die Verniedlichung der Welt und ihres So-Seins in unseren Breiten bzw. unser quasi naiver Blick auf die Wirklichkeit tut sich schwer mit derlei gelebtem „Radikalismus", der dem Werte-Relativismus des Westens diametral ist.

Aber auch beim Blick zurück auf die christlichen Wurzeln des Begriffs „Charisma" reiben wir uns verwundert die Augen. Auch wenn es heute schwer vorstellbar ist, in dieser so und nicht anders gewordenen Welt das Leben eines Jesus oder Paulus zu führen, so lassen sich an den beiden Genannten doch beispielhaft die Grundzüge charismatischen Wirkens herausarbeiten und daraus resultierende charismatische Paradigmen kritisch hinterfragend auf unsere eigene Existenz reflektieren. Wenn wir unser Leben nämlich nicht den Possenreißern anvertrauen wollen, müssen wir die eine, entscheidende Frage des philosophischen Kanons selbst beantworten: Was nämlich sollen wir tun? Und es ist genau diese Frage, die den Charisma-Faktor in unserem Innersten berührt. Und indem wir „radikal" nach der Genese des Charismas im frühen Christentum fragen, finden wir Antworten, die mit unserer Welt kaum vereinbar erscheinen — obwohl sie doch wesentlich jene spirituelle Sphäre begründet haben, die wir gemeinhin das „Abendland" nennen.

KAPITEL 3

Eine spirituelle Kraft: Jesus, Paulus und die Folgen

Charisma. Der Begriff und das mit diesem Begriff beschriebene Phänomen sind religiösen, präzise: christlichen Ursprungs. Wörtlich übersetzt bedeutet Charisma „Gnadengabe". Dabei handelt es sich um eine Wortschöpfung des Apostels Paulus, der in seinem ersten Brief an die Korinther Folgendes schreibt: „...es sind uns verschiedene Gnadengaben zugeteilt worden, aber es ist ein und derselbe Geist; und verschiedene Weisen zu dienen, aber nur ein und derselbe Herr; und verschiedene Kraftwirkungen, aber ein und derselbe Gott, der alles in allen zur Wirkung bringt. Jedem Einzelnen aber wird seine besondere Weise, wie der Geist sich durch ihn zeigt, so gegeben, dass es zum allgemeinen Nutzen dient: dem einen wird durch den Geist gegeben, Weisheit zu reden; einem anderen, Erkenntnis auszusprechen, die demselben Geist entspricht; einem anderen Glaube im selben Geist; einem anderen die Gaben zu heilen durch die Kraft des einen Geistes; einem anderen die Gabe, über göttliche Kräfte zu verfügen; einem anderen prophetische Rede; einem anderen die Unterscheidung der Geister;

einem anderen mancherlei himmlische Sprachen, einem anderen die Auslegung solcher Sprachen. All das wirkt ein und derselbe Geist, der jedem Einzelnen seine Gabe zuteilt, die er will."

Es sind also vielerlei und höchst unterschiedliche Charismen, mit denen Paulus die Menschen begabt sieht. Diese unterschiedlichen Gaben eint ein gemeinsamer Wertekosmos des Christentums, wie er sich ausschließlich im Glauben an Gott fundiert. Über dieses Kaleidoskop charismatischer Begabung hinaus macht Paulus aber auch deutlich, dass es sich bei der Gemeinde um ein Ergebnis charismatischen Wirkens handelt: „Ihr aber seid Christi Leib, und je zu einem Teil Glieder. Gott hat erstens einige in der Gemeinde zu Aposteln bestellt, zweitens einige zu Propheten, drittens einige zu Lehrern; dann kommen die Wunderkräfte, dann die Heilungsgaben, die Hilfeleistungen, die Leitungsämter, die verschiedenen Himmelssprachen. Sind sie nun alle Apostel? Alle Propheten? Alle Lehrer? Besitzen sie alle Wunderkräfte? Haben sie alle Heilungsgaben? Reden sie alle in himmlischen Sprachen? Verstehen sie sich alle auf die Kunst der Übersetzung?"

Selbstverständlich nicht. Die Gaben sind unterschiedlich verteilt. Und mehr noch: Paulus fordert zu einem Wettbewerb um die besten Gnadengaben auf. Die wichtigste von allen? Die Gabe der Prophetie, denn „der Prophet baut die Gemeinde auf." Das Charisma hat also eine direkt soziale Wirkung, der charismatische Prophet wird zum Führer seiner Gemeinde. In seinem Brief an die Römer wird Paulus noch deutlicher: „Jedermann soll sich den Behörden, die

Gewalt über ihn haben, unterordnen. Denn es gibt keine politische Gewalt, die nicht von Gott ihre Vollmacht hat; alle, die es gibt, bestehen durch Gottes Anordnung." Und ebenfalls in seinem Brief an die Römer verdeutlicht Paulus in einfachen Worten das Koordinatensystem des charismatischen Wertekosmos in den christlichen Gemeinden: „Niemand von uns lebt für sich selbst und niemand stirbt für sich selbst. Denn wenn wir leben, leben wir für den Herrn; und wenn wir sterben, sterben wir für den Herrn. Im Leben also wie im Sterben gehören wir dem Herrn."

Mit solchen Glaubensmanifestationen wurde Paulus zum eigentlichen Apostel des Evangeliums, der den auferstandenen Christus verkündete. Seine Lehre gilt vielen Denkern seit der Aufklärung als eigentlicher Kern des Christentums. Entscheidend für das Verständnis seiner Lehre ist die Erwartung der unmittelbar bevorstehenden Endzeit und die damit verbundene Erlösung der Menschen durch die Wiedergeburt Christi. Dessen Gesetz gilt es zu erfüllen. Und die Grundlage dieses Gesetzes sei die Liebe, die wichtigste aller Gnadengaben im Verein mit Glauben und Hoffnung. Auf dem Fundament dieser drei Gnadengaben ruht das paulinische Christentum seit zwei Jahrtausenden, obwohl es eigentlich auf die Erwartung eines unmittelbar bevorstehenden Heils hin konzipiert war. Dieses Imminenz-Kriterium, also die jederzeit mögliche Ereignisartigkeit, konnte sich in einer bemerkenswerten Art und Weise veralltäglichen und sich in dem Sozialgebilde „Kirche" institutionalisieren. Mit der Veralltäglichung einher geht freilich die Institutionalisierung des Charismas in einem

Amt — dem des Papstes nämlich. Dieses „Amts-Charisma“ wird mal mehr, mal weniger wesentlich geprägt von der Persönlichkeit des jeweiligen Amtsinhabers. Ihre spirituelle Kraft eingebüßt freilich hat die Heilserwartung im Laufe der inzwischen zurückliegenden Zeit. War Paulus noch davon überzeugt, dass die Wiederkehr Christi innerhalb kurzer Zeit erfolgen würde, so müssen die „Beamten“ auf dem Stuhl Petri immer wieder neu erklären, warum die Etablierung eines Gottesreichs noch auf sich warten lässt — und das mittlerweile seit mehr als zweitausend Jahren. Damit verloren ging eine aus der Imminenz resultierende Psychodynamik, die in den frühchristlichen Gemeinden noch lebendig war.

Speziell der charismatische Wertekosmos in den frühchristlichen Gemeinden beanspruchte einen Geltungsbereich weit über das „bloß“ irdische Leben hinaus. Leiden am Leben und die Erwartung eines wiederkehrenden Paradieses im Himmel waren Eckpfeiler eines spirituellen Koordinatensystems, in dem auch der Märtyrer seinen ihm gemäßen Platz fand. Die frühen Christen waren bereit, für ihren Glauben zu sterben, ihrem Vorbild, dem gekreuzigten Christus, folgend: ebenso wie Christus als Opfer freilich, darin diametral den Märtyrern im Islam, deren Dschihad in der Täterschaft wesentlich wird. Diese, die Wurzeln des irdischen Lebens zur Disposition stellende Radikalität im frühen Christentum genauso wie in bestimmten Gruppierungen des heutigen Islam erscheint uns als Fremdkörper in unserer Welt und in unserer Zeit, verdeutlicht uns aber auch mit schmerzhafter Gewissheit, dass sich die Sinn- und

Wertesuche innerhalb unseres Lebens in Belanglosigkeiten ergeht, weil sie die wesentlichen Fragen des Todes und des Sterbens ausklammert.

Fremd — zumindest in unserem Verständnis der Werte — kommt freilich auch ein radikales Moment der Diskriminierung bei der charismatischen Gemeinschaftsbildung daher. Diese Diskriminierung, um ein Beispiel zu nennen, betrifft speziell Frauen. So führt Paulus etwa in seinem ersten Brief an die Korinther Folgendes aus: „Wie in allen Gemeinden der Heiligen sollen die Frauen in den Gemeindeversammlung schweigen. Denn es ist ihnen nicht gestattet, das Wort zu ergreifen. Sie sollen sich unterordnen, wie es ja auch das Gesetz sagt. Wenn sie etwas lernen wollen, sollen sie zuhause ihre Männer fragen. Denn es ist schimpflich für eine Frau, in der Gemeindeversammlung zu reden." In der katholischen Kirche im Besonderen blickt diese Diskriminierung mittlerweile auf eine mehr als zweitausendjährige Tradition zurück, resistent gegen jedwede Reform und nicht zuletzt deswegen auf eine spezifisch eigene Art Respekt gebietend. Mit jedem neuen Papst, mit jeder Bischofs- oder auch „nur" Priesterweihe erneuert sich das Patriarchat quasi von selbst mit einem bemerkenswerten Automatismus.

Doch wenden wir uns den Wurzeln des Christentums zu — Jesus Christus und seinem Wirken. In einer besonderen „Beziehung" von Führer und Geführten finden wir hier das „Charisma als Phänomen sui generis" zum ersten Mal dokumentiert. Jesus und seine Jünger: Diese Beziehung beschreibt den statu nascendi charismatischen Wirkens. Eindeutig charakterisiert ist diese Art charismatischer Wirksamkeit in der Gestalt einer sozialen Bewegung. Ausgelöst von einem Heiland, Zauberer und Wundertäter entwickelte sich eine charismatische Vergemeinschaftung um einen Menschen, der für sich beanspruchte (beziehungsweise dem nachgesagt wurde) Gottes Sohn zu sein. Nicht von ungefähr berichtet die Bibel von zahlreichen Wundertaten des Gottessohnes. Wasser wird bei ihm zu Wein, Kranke werden geheilt, Tote zum Leben erweckt. Dass dieser Wundertäter auch über Wasser gehen und im Blick auf die übrigen Gnadengaben aus dem Vollen schöpfen kann, versteht sich quasi von selbst. Was uns neben diesen persönlichen Charismen weit mehr interessieren muss, ist die Wirkung seines Charismas bei der Rekrutierung seiner Jünger und der aus dieser Rekrutierung folgenden Gemeinschaftsbildung. Wie genau geht die vonstatten? Wie gewinnt der Christus-Sisyphos Helfer am Fuß des Berges, täglich neu konfrontiert mit der Aufgabe, den Felsblock bergauf zu wälzen?

Die spirituelle „Umgebung" der Geburt dieser neuen Religion war geprägt von den „alten" Göttern der Römer und dem Ein-Gott-Glauben der Juden. In dieser religiösen Gemengelage entwickelte sich das Christentum als Religion der Weltablehnung. Die Erde als „Jammertal" muss durchschritten werden, um zum Heil Gottes zu gelangen. Die „Welt" ist für den Christen spezifisch wertlos, ein „Gefäß der Sünde". Dennoch ist sie der Ort religiöser und persönlicher Bewährung, Schauplatz gottgewollten Wirkens. Und dieses Wirken äußert sich unter anderem in der

Gewährung von Charismen, die den Einzelnen zum Werkzeug Gottes machen, der auf diesem Weg der unnützen, absurden Welt handelnd Sinn verleiht. Einzelne werden berufen, von Gott gestellte Aufgaben zu lösen und damit der Etablierung des erwarteten Gottesreichs näherzukommen. Die Welt, wie sie ist: zwar ebenfalls Gottesschöpfung, für den Menschen gleichzeitig ein Zustand dauerhafter Krise, in der er sich zu bewähren hat. Damit ist der Boden geschaffen für die spirituelle Kraft charismatischer Erweckung: Ein Christus beansprucht kraft eingebildeter, herbei geredeter oder tatsächlicher Qualifikation, die Ursache der Krise zu kennen und eine Antwort auf die Frage parat zu haben, wie und mit welchen Mitteln die Krise zu überwinden ist. „Es steht geschrieben — ich aber sage euch!" ist der „Revolutionssatz" par excellence, der Glauben zu wecken vermag und Hingabe aus Anerkenntnis der charismatischen Befähigung des Einzelnen zur Folge hat. Der Felsblock ist für den Einzelnen zu schwer. Lasst uns also gemeinsam zupacken. Der charismatisch Qualifizierte wird zum Führer aus der Not, zum Not-Wender. Seine hingabebereiten Jünger verlassen traditionelle Gemeinschaften und schließen sich der „charismatischen Vergemeinschaftung" (siehe Abbildung) an, in der der Führer höchste Macht innehat.

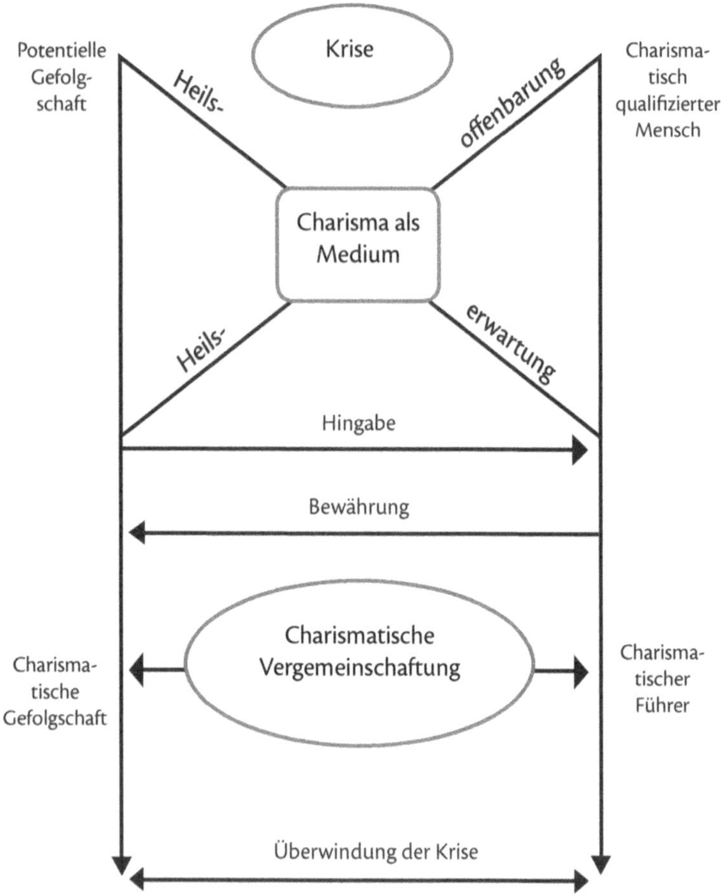
Krise
Potentielle Gefolg- schaft
Charisma- tisch qualifizierter Mensch
Heils-
offenbarung
Charisma als Medium
Heils-
erwartung
Hingabe
Bewährung
Charismatische Vergemeinschaftung
Charisma- tische Gefolgschaft
Charisma- tischer Führer
Überwindung der Krise

Im Lukas-Evangelium heißt es zum Beispiel: „Wenn jemand zu mir kommt und hasst nicht seinen Vater und seine Mutter, seine Frau und seine Kinder, seine Brüdern und Schwestern und dazu sein eigenes Ich, der kann nicht mein Jünger sein." Die Radikalität dieser Forderung verdeutlicht in Reinkultur, dass das Charisma auch und speziell im Sozialen nicht nur zu den Wurzeln geht, sondern diese auch ausgräbt. Welchem inneren oder äußeren Zwang beziehungsweise welcher inneren oder äußeren Kraft folgen diese hingabebereiten Jünger? Auf jeden Fall wohl einer Hoffnung, dass sich der Zustand in der neuen Gemeinschaft vom Zustand in der alten durch eine irgendwie geartete „Verbesserung" auszeichnet. Insofern ist Charisma in einem spezifischen Sinn: Notwendigkeit, Wende der Not. Mit dem Auftreten charismatischer Verheißung korreliert eine Chance zur Veränderung, Umwandlung, Revolution — gebunden zunächst an eine einfache Wahrnehmungsbeziehung, die durch ein ständig wechselwirkendes Aufeinander-Einwirken ihrer Beziehungsgrößen, Führer und Geführten, Jesus und Jünger, charakterisiert ist, wie sich an dem zitierten Satz überaus deutlich machen lässt. Da ist zunächst die aktuelle Krise, deren Ursache der charismatische Mensch kennt oder zumindest zu kennen vorgibt. Die Ablehnung des Geschriebenen („Es steht geschrieben") ist in erster Linie als eine Ablehnung von traditionellen Konfliktlösungsmustern anzusehen, solchen nämlich, die durch Überlieferung vorgegeben sind. Mit der Berufung auf seine eigene Autorität bietet der charismatisch qualifizierte Mensch konkurrierende Orientierungsmuster an:

die tatsächliche oder vorgebliche Identifizierung des Charismatikers mit seinen — in gleich welcher Not befindlichen — Mitmenschen, ebnet den charismatischen Lösungsmustern den Weg. Daraus kann folgen: Identifizierung der Betroffenen mit ihrer Not und damit mit sich selbst. Da die Wahrnehmung gebunden ist an die vermittelnde Wirkung des charismatischen Menschen, anerkennen sie gleichzeitig dessen Qualifikation. Sie sind disponiert für das, was der Charismatiker zu sagen hat, für das Heil jenseits der Not: „... ich aber sage euch." Mit dem in Aussicht gestellten Heil identifizieren sich die Betroffenen gleichfalls durch das mediumistische Wirken des charismatischen Führers. Entscheidend dabei: das Gefühl der Gewissheit, mit dem die Anerkennung des zu erreichenden Ziels verbunden ist. Die Anerkennung ist persönliche Hingabe, eine Umformung der Lebens- und Weltwahrnehmung von innen heraus, geboren aus Not beziehungsweise Begeisterung, verbunden mit einer essentiellen Wandlung der Gesinnung und einer völligen Neuorientierung aller Einstellungen zu allen Lebensformen und zur Welt überhaupt.

Es ist die Hingabebereitschaft gegenüber dem charismatischen Individuum, gegenüber Jesus, die in seinen Anhängern, seinen Jüngern, den Wandel bewirkt. Das revolutionäre Element ist in der Hingabebereitschaft der Jünger begründet, in dem Wollen, das bisherige Denken und Handeln aufzugeben, einer vermittelten Neuorientierung Folge zu leisten: Schnauze voll, vorwärts auf Start. Und dies eben nicht in dem Sinn, dass nur eine äußere Lebensanpassung an die neue Zielsetzung erfolgt. Grundlage der

Änderung ist vielmehr die Verinnerlichung des Ziels. Eben dies bedeutet ja „Hingabe“: Innerlichstes Annehmen der Neuorientierung. Dies und nichts anderes ist die spezifische Leistung des charismatischen Mediums, dass es den von ihm Geführten das Ziel seiner Führung als innerlichstes Erlebnis und als „unmittelbar bevorstehend“ vermitteln kann. Diese Leistung kennzeichnet die Außeralltäglichkeit des Charisma-Faktors und damit das Charisma selbst in entscheidender Weise.

Welche Erkenntnisse ziehen wir aus der christlichen Genealogie des Charismas? Unstrittig die, dass der Einzelne kraft Charisma in der Lage ist, seinem eigenen Leben und dem anderer eine Neuorientierung zu geben, orientiert an etwas als wichtig und gut Erkanntem. Etwa: im gemeinsamen Akt des Felsblock-den-Berg-Hinaufschiebens liegt ein Sinn an sich, weil das Gemeinschaftserlebnis die Absurdität des irdischen Lebens zu überwinden oder zumindest zu relativieren in der Lage ist. Der soziale Mythos des Sisyphos steht unstrittig gleichberechtigt neben der biblischen Geschichte des Jesus von Nazareth. Beide überwinden ihre individuelle Isolation durch die Stiftung von Zwischenmenschlichkeit und Gemeinschaft.

Unstrittig aber auch, dass die Bewährung charismatisch übermenschlichen Wirkens Fragen aufwirft, die uns Johann Wolfgang von Goethe vor Augen führt. Auch der Übermensch nämlich ist verführbar. In und mit seinem *Faust* hat Goethe diese Verführbarkeit des Übermenschen in einer Tragödie in zwei Teilen programmatisch vorgeführt, den Übermenschen Faust Himmel und Hölle des Menschen schlechthin durchschreiten lassend. Der charismatische Führer bei dieser Durchschreitung alles Menschlichen? Ein begnadeter Possenreißer. Mephisto nämlich.

KAPITEL 4

Mephistopheles: Das Charisma des Bösen

Folgen wir der Heiligengeschichte der Bibel, wird der charismatisch begnadete Jesus vom Teufel dreimal versucht. Und dreimal widersteht der Gottessohn. Weder nutzt er seine Macht, um nach vierzigtägigem Fasten in der Wüste aus Steinen Brot zu machen, noch lässt er sich darauf ein, von der Zinne des Tempels in der Heiligen Stadt in die Tiefe hinabzuspringen, um seine Unsterblichkeit zu beweisen, und schon gar nicht ist Jesus bereit, dem Teufel zu huldigen, obwohl der ihm die Macht über alle Königreiche der Welt verspricht. Jesus besteht die Probe ganz einfach dadurch, dass er sich als gehorsam gegenüber seinem Gott erweist. Er akzeptiert und anerkennt die moralische Forderung, wie sie sich ihm in der Heiligen Schrift mitteilt: „Es steht geschrieben, dass du dem Herrn, deinem Gott gehorchen sollst."

Ganz anders bei Johann Wolfgang von Goethe und dessen „Faust". Der deutsche Großdichter macht die Versuchung quasi zum experimentellen Programm einer zweiteiligen Tragödie. Und die Verbindung von Gut und Böse wird zum charismatischen Amalgam eines verwirrenden Wechselspiels von Mensch und Teufel. So wettet der Herrgott im „Prolog im Himmel“ mit dem Teufel um Heinrich Fausts Seele. Der Herrgott ist davon überzeugt, dass der Teufel ihm seinen „Knecht“ nicht wird abspenstig machen können. Mephistopheles nimmt die Wette an, die Tragödie kann beginnen. Und zwar in Fausts Studierzimmer. Dort treffen wir einen am Leben und sich selbst zweifelnden Gelehrten, der mit dem Herrgott an sich wenig zu schaffen hat und auch nichts zu schaffen haben möchte. Sein Streben gilt vielmehr der Wissenschaft, der Entzauberung der Welt – und damit auch der Entzauberung Gottes. In seinem Eingangsmonolog präsentiert sich Faust verzweifelt darüber, nichts wissen zu können, obwohl er neben Philosophie auch Juristerei, Medizin und sogar Theologie studiert hat. Dies alles, sein Studium und Forschen hat nicht zu dem erhofften Ziel geführt. Die letzten Fragen bleiben unbeantwortet. Darum bemüht Faust ganz bewusst die Magie. Denn die „Entzauberung der Welt durch Wissenschaft“ (Max Weber) hat die zweieinhalb Jahrtausende alte Einsicht des Sokrates bestätigt: Ich weiß, dass ich nichts weiß. Das Wesentliche der Welt und der Dinge in ihr, das Wesentliche des Lebens, bleibt der Wissenschaft verborgen: „Ich sehe, dass wir nichts wissen können“, ruft Faust aus. Er verzweifelt an seinem eigenen Lebensentwurf, die Ungewissheit ist ihm Folter, er möchte wissen, „was die Welt im Innersten zusammenhält.“ Exakt auf diese Frage haben seine Wissenschaften keinerlei Antwort. Als Forscher steht er mit leeren Händen da. Sein Versuch einer Aneignung der Welt im eigenen Selbst durch die rationale Wissenschaft — vergebens. Mit der menschlichen Ratio allein ist die Welt dem menschlichen Selbst nicht zu erschließen. Sein Fluchtweg aus diesem quasi existenziellen Unwissen? Jenes geheime Geisterreich einer verzauberten, vorwissenschaftlichen Welt. In seinem Studierzimmer beschwört Faust deswegen den Erdgeist. Der hört sein Rufen und erscheint. Aber Faust, die Inkarnation des modernen Menschen, erträgt diese Erscheinung der magischen Welt nicht. Und quasi mitleidig ruft der Erdgeist aus: „Welch erbärmlich Grauen fasst Übermenschen dich!“ Der Erdgeist entschwindet mit dem für Faust vernichtenden Urteil: „Du gleichst dem Geist, den du begreifst, nicht mir!“

Fausts Versuch, einer entzauberten Welt durch die Anrufung des Erdgeistes zu entfliehen, sich im vorwissenschaftlichen Zauberreich letzte Gewissheiten zu schaffen, scheitert kläglich. Und zwar an seinem eigenen Unvermögen, mit diesem Geisterreich umzugehen. In der Absolutheit der Erscheinung des Erdgeistes ist dieses Reich ihm fern und fremd — Faust ist an seiner Wissenschaft genauso gescheitert wie bei der Überschreitung wissenschaftlicher Grenzen. Der tägliche Felsblock wird dem Sisyphos in unserem Faust zu schwer, er steht quasi vor der existentiellen Kapitulation. Das Leben? Absurd und unerträglich.

Der in seine Schranken gewiesene Übermensch erwägt den Freitod. „Mit kindlichem Gefühle“ jedoch verliert er sich selbstmitleidig in Erinnerung, Wehmut und Nostalgie und fällt letztlich Mephistopheles in die Hände, und der ist „ein Teil von jener Kraft, die stets das Böse will und stets das Gute schafft." Die Metaphysik dieses mephistotelischen Possenreißers hat eine besondere Dimension: „Ich bin der Geist, der stets verneint! Und das mit Recht; denn alles was entsteht, ist wert, dass es zugrunde geht; drum besser wär's, dass nichts entstünde. So ist denn alles, was ihr Sünde, Zerstörung, kurz, das Böse nennt, mein eigentliches Element."

Faust, der von Mephistopheles zum Kungeln, zur Gemeinschaft mit dem Bösen Verführte? Der Sinn- und Wissenssucher, die Inkarnation des abendländischen Menschen schlechthin, dem Satan verfallen? Der Satan als willkommener Helfer eines Sisyphos bei der Bewältigung der Felsblock-Herausforderung? Gewiss. In allen Konsequenzen. Faust folgt dem Muster charismatischer Führung und Verführung. Als Geführter. Und Verführter. Das Böse, im Possenreißer-Gewand daherkommend, wird zum Weg aus der persönlichen Krise, zum Gehilfen bei der Bewältigung des existentiellen Felsblocks. Mephistopheles erweist sich als der vom Erdgeist apostrophierte Geist, den Faust begreift. Faust erliegt den Heilsversprechungen eines Mephistopheles. Der wird für Faust zum Heiland, zum Führer aus dem Unheil. Mehr noch: Das Böse erweist sich für Faust, den Übermenschen, als wesentlicher Schlüssel zur Welt. Eine Wirklichkeit ohne das Böse kann es für ihn nach der „Bekanntschaft" mit Mephistopheles nicht mehr geben. Wissen von der Welt und ihren Felsblöcken impliziert eben auch das Wissen des Bösen — und das nicht nur in der Theorie der Studierzimmer. Die Erfahrung des essentiell Bösen erst öffnet den Blick auf die Wirklichkeit in ihrer Gesamtheit, zu der das Wirken des Bösen genauso dazugehört wie dessen Gegenpart. Das Gute verwirklicht sich durch das Böse. Agent des Wirklichen ist dabei in Goethes Faust unzweifelhaft das Böse. Die Bipolarität jedoch hat eine eindeutige Schlagseite. Und endet in einem überraschenden Eiapopeia.

Folgen wir der von Goethe in seiner Tragödie gezeichneten Spur des Doktor Faust, so schließt dieser zunächst einen mit Blut unterzeichneten Wettvertrag mit Mephistopheles: „Werd ich zum Augenblicke sagen: Verweile doch! Du bist so schön! Dann magst Du mich in Fesseln schlagen, dann will ich gern zugrunde gehen!"

Der Wettpakt zwischen Faust und Mephistopheles geht also darum, einen Zustand zu erreichen, der so beschaffen ist, dass er den Augenblick verewigen möchte, weil der Felsblock des Sisyphos auf dem Gipfel des Berges verharrt: „Dann mag die Totenglocke schallen, dann bist du deines Dienstes frei, die Uhr mag stehen, der Zeiger fallen, es sei die Zeit für mich vorbei!"

Bei der Umsetzung dieser Wette wird Faust von Mephistopheles zunächst „verjüngt" und im Bann seiner Lüsternheit zum Verführer der jungfräulichen Margarete, gleichzeitig aber auch zum Mörder von Margaretes Bruder — und schließlich überlässt er Margarete, die sein und ihr Kind getötet hat, ihrem Schicksal: „Heinrich, mir graut's vor dir!" schleudert die verzweifelte Margarete, im Kerker auf die Vollstreckung ihres Todesurteils wartend, Faust entgegen. Der Liebe, das ist die Quintessenz aus der Tragödie ersten Teil, vermag Faust nicht den Augenblick abzugewinnen, den zu verewigen er als lohnenswert erachtet.

Von Mephistopheles angetrieben und geleitet wirft Faust die irdischen Fesseln ab und setzt seinen psychedelischen „Ego-Trip“ in anderen Welten fort. Dafür hat Goethe den zweiten Teil seiner Tragödie vorgesehen.

Faust lässt die durch Wissenschaft entzauberte Welt endgültig hinter sich. Geführt von Mephistopheles macht er sich auf den Weg in die Zauberreiche griechischer Mythen, zeugt mit Helena einen Sohn, wird Multi-Unternehmer, mutiert zum Berater eines Kaisers, erfindet Papiergeld, erlebt die Schaffung eines künstlichen Menschen, des Homunculus, durch Wagner, seinen früheren Schüler, steigt hinab ins Reich der Mütter, entfesselt einen Krieg und stirbt letztlich trotz aller Irrungen, Wirrungen, Schuldhaftigkeiten und Verfehlungen — erlöst von seinem Herrgott, dem Teufel ein Schnippchen schlagend. Schon im „Prolog im Himmel“ hatte „der Herr“ die Machtverhältnisse angedeutet: „Es irrt der Mensch, so lang er strebt“ — mehr noch: „Des Menschen Tätigkeit kann allzu leicht erschlaffen, er liebt sich bald die unbedingte Ruh, drum geb’ ich gern ihm den Gesellen zu, der reizt und wirkt und muss als Teufel schaffen.“

Der Teufel — vom Herrgott als Geselle, als „Dienstleister“ des Menschen eingesetzt? Als Gehilfe bei der Bewältigung des Felsblocks? Die Metaphysik des Possenreißers wird bei Goethe limitiert durch die Allmacht Gottes. Die Welt, so Goethes Botschaft, ist, wie sie ist. Und der Weltenherrscher ist ein lieber Herrgott, in dessen Reich auch ein charismatischer Possenreißer vom Schlage eines Mephistopheles seinen Platz findet. Die Erlösung des Einzelnen ist und bleibt aber ein göttliches Geschäft. Das Böse steht quasi im Dienst des Guten. Und gut ist, was der Herrgott für gut befindet. Vor allem aber ist das Gute nicht von dieser irdischen Welt. Dem Herrgott geht es um die menschliche Seele. Damit entbindet „Gott" Goethe den Menschen von seiner irdischen Verantwortung. Er ist zwar nicht Gottes Sohn, wie Jesus, aber doch immerhin sein „Knecht". Und dadurch wird das Tragische tatsächlich zur Tragödie: „Wer immer strebend sich bemüht, den können wir erlösen." Sei unbesorgt, lieber Sisyphos, bei der Bewältigung Deiner Aufgabe kannst Du Dir ohne Skrupel alle Dir genehmen Kräfte rekrutieren — welcher Art diese auch immer sein mögen.

Ende der Tragödie? Was die Bühnentragödie angeht: Ja. Aber die Fragen fangen damit erst an. Die essentielle Frage, die sich nach Goethes Tragödie aufdrängt, ist die nach der persönlichen Verantwortung des Einzelnen — nicht zuletzt des „Übermenschen". Ist das Weltspektakel eine metaphysisch angelegte Possenreißerei Gottes, in der der Mensch nichts zu melden hat? Oder impliziert dieses Spiel durchaus Möglichkeiten der Einflussnahme und damit der Freiheit, aber auch der persönlichen Verantwortung? Können wir uns dem Charisma des Bösen entziehen und der Possenreißerei ein „gutes" Charisma entgegenstellen?

Kraft göttlicher Allmacht wird Faustens Seele erlöst, im Jenseits verliert der Teufel seine Macht über den Menschen. Im Diesseits aber erliegt Faust dem Charisma des Bösen. Mehr noch: Faust verliert die Wette mit Mephistopheles. Was die Liebe zu Gretchen nicht vermochte, als Unternehmer möchte Faust den Augenblick verewigen. Die Lemuren, „geflickte Halbnaturen“, wie Mephistopheles sie nennt, Produkte der Gentechnologie sozusagen, und deren Wirken sollen dem erblindeten Faust das große Zukunftsland schaffen, die Felsblöcke den Berg hinauf wälzen. Und Faust wähnt sich am Ziel, als er deren Spatengeklirr vernimmt: „Zum Augenblicke dürft ich sagen: Verweile doch, du bist so schön! Es kann die Spur von meinen Erdentagen nicht in Äonen untergehen. — Im Vorgefühl von solchem hohen Glück genieß ich jetzt den höchsten Augenblick.“ Mit diesem Ausruf ist die Wette verloren, der Teufel erweist sich als Herr der Welt.

Hans Christoph Binswanger ist eine vorwiegend ökonomische Interpretation von Goethes Faust zu danken, damit eine Spur legend, die zu verfolgen in dieser so und nicht anders gewordenen Welt unserer Tage erhellend ist. Wohin führt diese Spur? Nicht zuletzt in die Irrgärten der Kapitalmärkte. Binswangers Buch trägt den Titel: „Geld und Magie“. „Geld *ist* Magie“ wäre genauso trefflich gewesen, denn eine andere Erklärung der Macht, die das Geld über das Leben des modernen Menschen gewonnen hat, gibt es nicht. Was das Geld bewirkt, scheint Zauberei — und der Zauberer dahinter ist niemand anders als Mephistopheles, die Inkarnation des Bösen. Exakt dessen Charisma wirkt, wenn Geld wirkt. Zumindest in dem von Goethe konzipierten Szenario. Geld bewegt den Felsblock den Berg hinauf.

Goethe, selbst ehemals Finanz- und Wirtschaftsminister am Hof zu Weimar, lässt den höchsten Repräsentanten des Staates, den Kaiser, in zweiten Teil der Tragödie Folgendes ausrufen: „Es fehlt das Geld. Nun gut, so schaff' es denn!" Mit dieser Aufforderung werden von Goethe weitsichtig neue Dimensionen des Wirtschafts- aber auch des Weltgeschehens eingeläutet. Die Finanzwirtschaft koppelt sich ab von der Realwirtschaft. Ein Kapitalmarkt wird etabliert — mit allen Konsequenzen. Goethe nimmt vor mehr als 200 Jahren vorweg, was uns in seinen Konsequenzen als Krisenszenario seit einigen Jahren weltweit begleitet. Bei Goethe wird das Anwerfen der Notenpressen immerhin als Possenreißerei entlarvt, als Teufelswerk, das den Lauf der Welt und der Dinge in ihr unaufhaltsam verändert. Auch im Faust platzt die Spekulationsblase letztlich mit dramatischen Folgen. Mephistopheles lapidar: „Der gute Kaiser schwebt in großen Sorgen; du kennst ihn ja. Als wir ihn unterhielten, ihm falschen Reichtum in die Hände spielten, da war die ganze Welt ihm feil."

Der globale Kapitalismus — schon im „Faust" eine Art Spielcasino — angetrieben vom „falschen Reichtum". Und an dessen Roulettetischen: die Glücksritter vom Schlage eines Mephistopheles. Die Welt? Ein Spiel. Und der Possenreißer Mephistopheles notiert denn auch lapidar: „Wer weiß, wie noch die Würfel fallen? Und hat er Glück, so hat er auch Vasallen." Mit dieser sarkastischen Formel wird nicht zuletzt auch das Charisma-Phänomen auf den Punkt gebracht — aus der Sicht der Possenreißer. Dem Possenreißer-Charisma geht es nicht um Bewährung seiner Wirkung im Alltag des Menschlichen etwa in der gemeinschaftsstiftenden Wirkung des Felsblockbewegens im Verein mit anderen Menschen, sondern ausschließlich um das Glück in der außeralltäglichen Situation eines Spiels. Botschaft: Wer Geld gewinnt, gewinnt auch Menschen. Die mühselige Arbeit der Gemeinschaftsstiftung: überflüssig. Aber Goethe geht in seinem Zynismus noch weiter. Faust wird zum ersten globalen Wirtschaftsplayer, der überall mitmischt, in einem von Mephistopheles entfesselten Krieg zum „Obergeneral" mutiert und als Immobilienspekulant selbst vor Enteignungen nicht zurück schreckt. Philemon und Baucis, Sinnbilder der Gastfreundschaft in der griechischen Mythologie, sollen von ihrem Grund und Boden vertrieben werden, weigern sich und werden von den Schergen des Mephistopheles umgebracht. Faust: „So geht und schafft sie mir zur Seite!"

Der Tragödie zweiter Teil ist das dichterisch überhöhte Abbild dessen, was in seiner wechselwirkenden Durchdringung unsere Welt immer komplexer und undurchschaubarer werden lässt. Der Felsblock, die eigentliche Aufgabe des Sisyphos: gar nicht mehr als solche zu identifizieren. Und mittendrin in dieser Welt: Mephistopheles — „Ein Teil von jener Kraft, die stets das Böse will und stets das Gute schafft." Der Teufel — ein Teil des großen Bösen? Und dieses große Böse doch auch nur wiederum aufgehend in einem allumfassend Guten? Goethe, Goethe mir graut's vor dir! Das Spiel mit den Ebenen der Wirklichkeit macht unserer rational logischen Sicht auf die Welt und die Menschen und die Dinge in ihr den Garaus. Wir blicken in Abgründe des Menschlichen einerseits und sind verwirrt andererseits von der Verheißung auf göttliche Erlösung. Die Schuldfrage: unerheblich. Sühne: Spielt keine Rolle. Die Wirklichkeit in Goethes Faust hat andere Dimensionen, lebt aus und von und ihren sphärischen Überschneidungen. Wir sind zurück in Platos Höhle, die Wahrheiten sind dort nur als Schatten erkennbar. Mehr noch: Ist Wahrheit überhaupt eine relevante Kategorie in dieser Welt des großen mephistotelischen Scheins? Faust: Gescheitert als Sisyphos, als abendländischer Sinnsucher und als wissenschaftlicher Wahrheitssucher, aber — dem Bösen, dem Teufel verfallen — erfolgreich als Täter — als Mörder, Unternehmer und Spekulant. Schon bei seiner Bibelübersetzung in seinem Studierzimmer in der Tragödie erstem Teil wird der Täter von Dr. Faust auf den Schild gehoben: „Im Anfang war die Tat."

Die Tat steht als Ur-Initial, in sich selbst wiederum ein komplexes Resultat verschiedenartigster Faktoren, Komponenten, Entwicklungen, Ursachen und Wirkungen. Wie aber genau kommt es zur Tat? Was treibt den Täter zur Tat? Dieser Frage wollen wir uns nun in einer exemplarischen Auseinandersetzung mit Freuds Psychoanalyse zuwenden. Unser Wegleiter dort: Das Charisma eines Moses.

KAPITEL 5

Der Übermensch. Zwischen Über–Ich und Es

Sigmund Freud hat uns ein über die Zeiten hinweg taugliches Besteck zur Analyse auch der Übermensch–Psyche hinterlassen. Er unterscheidet generell drei Instanzen des psychischen Apparats:

Es
Ich
Über–Ich.

Diese psychischen Instanzen in uns kontinuierlich im Gleichgewicht zu halten, gilt gemeinhin als lebenslange Aufgabe des souveränen Individuums auf der Suche nach Gelassenheit und Selbstgewissheit. Wie schwierig sich dieser Äquilibrations–Prozess im Leben des Einzelnen gestaltet, belegt die Vielzahl an Psychoanalytikern und Psychotherapeuten, die es überall vornehmlich in der zivilisierten Welt westlicher Prägung gibt. Die seelische Not in unserer Welt ist groß, und wer sich's leisten kann, bemüht einen Seelen–Sanitäter. Dessen sinnvolles Tun soll nicht in Abrede gestellt werden. Im Gegenteil. Die Arbeit an der Seele bedarf der Anleitung. Insofern ist der Seelendoktor ein Ersatz für die Pastoren und Mystagogen vergangener Zeiten.

Anleitung bedarf diesbezüglich auf dem Weg zu seinem Selbst auch der Übermensch. Diesem Gedanken wollen wir nachgehen — unter anderem durch einen erneuten Rückgriff auf die Bibel, diesmal Moses in den Blick nehmend. Warum Moses? Ganz fraglos der Charismatiker schlechthin im Pentateuch, im ersten bis fünften Buch der Bibel, Genesis, Exodus, Levitikus, Numeri und Deuteronomium.

Als von Gott Beauftragter führte Moses das Volk der Israeliten während einer vierzigjährigen Wanderung aus der ägyptischen Sklaverei in das kanaanäische Land, seinem Volk dabei nebenbei die zehn von Gott aufgegebenen Gebote vermittelnd. Diesem Moses hat auch Sigmund Freud eine Abhandlung gewidmet. Und dieser Abhandlung werden wir uns nun unter anderem zuwenden.

Ganz unbestritten hat dieser Moses in der Religions- und Menschheitsgeschichte der Welt nachhaltig Außeralltägliches vollbracht. Sein Wirken überdauert die Jahrtausende. Sein Charisma, das Charisma eines großen Führers, bewährt sich noch heute. Worin aber genau besteht diese die Zeiten überdauernde charismatische Wirkung? Oder — mit Sigmund zu fragen: „Wie ist es möglich, dass ein einzelner Mensch eine so außerordentliche Wirksamkeit entfaltet, dass er aus indifferenten Individuen und Familien ein Volk formt, ihm seinen endgültigen Charakter prägt und sein Schicksal für Jahrtausende bestimmt?"

Die Aura des Besonderen begleitet Moses quasi von Geburt an. Das Motiv von der Aussetzung und Errettung des „Heldenkindes" findet sich in vielen Mythologien des Altertums — etwa bei Ödipus oder Romulus und Remus. Im Fall Moses wird der Errettungs-Mythos initiiert durch die vom ägyptischen Pharao angeordnete Tötung der männlichen Kinder der Israeliten. Auch der Auszug der Israeliten aus Ägypten und ihre Wanderung durch die Wüste wird durch Wunder begleitet und folgt den üblichen Heldengeschichten. Anfeindungen und Rebellionen gegen seine Führerschaft übersteht Moses dank der Schutzmacht seines übermächtigen Gottes. Auf dem Berg Sinai schließlich empfängt er von seinem Gott die Zehn Gebote.

Im Namen seines Gottes war Moses Gesetzgeber, Richter und Vollstrecker dieser Gebote in einem, das im Mann Moses personifizierte Gottesgnadentum gleichbedeutend einer ehernen Zusammenfügung von Volk und Religion. Die Glaubensgemeinschaft der Israeliten wurde zu einer religiös verschworenen Volksgemeinschaft. Glaubensschwestern und -brüder waren wohlgelitten, Abtrünnige wurden ausgestoßen oder verfolgt. Zweifellos hatte der jüdische Monotheismus totalitäre Züge, getragen vom festen Glauben daran, das von Gott auserwählte Volk zu sein. Und es war der Mann Moses, der Sigmund Freud zufolge „dem jüdischen Volk diesen für alle Zukunft bedeutsamen Zug aufgeprägt hat. Er hob ihr Selbstgefühl durch die Versicherung, dass sie Gottes auserwähltes Volk seien, er legte ihnen die Heiligung auf und verpflichtete sie zur Absonderung von den anderen."

Freud weiter: „Nicht etwa, dass es den anderen Völkern an Selbstgefühl gemangelt hätte. Wie heute hielt sich auch damals jede Nation für besser als jede andere. Aber das Selbstgefühl der Juden erfuhr durch Moses eine religiöse Verankerung, wurde ein Teil ihres religiösen Glaubens. Durch ihre besonders innige Beziehung zu ihrem Gott erwarben sie einen Anteil an seiner Großartigkeit."

Ganz zweifellos sind in Persönlichkeit und Wirkmächtigkeit Moses all jene Faktoren zutage gefördert, die das Phänomen „Charisma" charakterisieren: Menschen in einer tatsächlichen, eingebildeten oder auch nur herbeigeredeten Krise, einer der die Gründe für diese Krise zu kennen vorgibt oder tatsächlich kennt, deswegen einen Ausweg aufzuzeigen imstande ist oder zumindest vorgibt, einen solchen Ausweg aufzeigen zu können — Menschen wiederum, die sich mit dem verkündeten Heil und dessen Heiland identifizieren, sich der Führung dieses Heilands anvertrauen und in einer charismatischen Vergemeinschaftung wiederfinden: „Lasst uns gemeinsam den Felsblock des Sisyphos den Berg hinauf wälzen!"

Alle Ingredienzien der Charisma-Phänomenologie fügen sich nahtlos ineinander. Die besondere mosaische Wirkmächtigkeit ist damit jedoch noch immer nicht hinreichend erklärt. So liegt die Besonderheit der charismatischen Heilsverkündung Moses' denn auch in ihrer Orts- und Zeitunabhängigkeit. Und zur Erklärung dieser Orts- und Zeitunabhängigkeit müssen wir noch einmal auf die Zehn Gebote zu sprechen kommen.

Die meisten dieser Gebote beziehen sich auf den Alltag, auf Alltags-Handeln, verbieten dies und das, nehmen

Einfluss auf das alltägliche Tun der Menschen. Gleich das erste Gebot aber bricht aus diesem Kanon der Alltagsregeln aus, transzendiert eine Botschaft jenseits von Zeit und Raum, gewinnt Substanz in reiner Spiritualität. Im ersten Gebot heißt es: „Ich bin der Herr, dein Gott, der ich dich aus Ägypten Land, der Knechtschaft geführt habe. Du sollst keine anderen Götter haben neben mir. Du sollst dir kein Bildnis noch irgendein Gleichnis machen, weder von dem, was oben im Himmel, noch von dem, was unten auf Erden, noch von dem, was im Wasser unter der Erde ist. Bete sie nicht an und diene ihnen nicht!"

Welche Herausforderung für die Kinder Israels, für das jüdische Volk: Du sollst dir kein Bildnis noch irgendein Gleichnis machen! Im Namen Gottes zwingt Moses das Volk zum Verzicht auf Bilder, zum Verzicht auf Anschaubares, mehr noch: der von Moses verordnete Bildverzicht „bedeutete eine Zurücksetzung der sinnlichen Wahrnehmung gegen eine abstrakt zu nennende Vorstellung, einen Triumph der Geistigkeit über die Sinnlichkeit, strenggenommen einen Triebverzicht mit seinen psychologisch notwendigen Folgen." Freud weiter: „Es eröffnete sich das neue Reich der Geistigkeit, in dem Vorstellungen, Erinnerungen und Schlussprozesse maßgebend wurden, im Gegensatz zur niedrigeren psychischen Tätigkeit, die unmittelbarere Wahrnehmungen der Sinnesorgane zum Inhalt hatte. Es war gewiss eine der wichtigsten Etappen auf dem Wege zur Menschwerdung."

Und diese Leistung gebührt dem Volk mosaischen Glaubens, das den entmaterialisierten Gott in spirituelle

Sphären entrückte. Die durch diese Entrückung in ihrer Gesamtheit spiritualisierte Welt brauchte weder Zeit noch Raum, der neue Maßstab war die Ewigkeit. Die Schöpfung war das ewige Werk Gottes, in dem alles und jedes eine spirituelle Dimension hatte, alles Wirkliche war beseelt. Ewig wurde Sisyphos und ewig wurde auch der Felsblock. Und mit diesem Hinweis auf das Beseeltsein der Wirklichkeit kehren wir zurück zu dem eingangs dieses Kapitels erwähnten Besteck zur Analyse der Übermensch-Psyche.

Im Sinne dieses Freud'schen Analyse-Bestecks wird die Wirkmächtigkeit, die Täterschaft des Übermenschen charakterisiert durch sein Über-Ich. Es ist das Über-Ich des Übermenschen, das befiehlt und Gehorsam einfordert — gegenüber dem eigenen Selbst und gegenüber den anderen Selbsten. Und dies mit Aussicht auf Erfolg. Du bist verpflichtet, den Felsblock den Berg hinauf zu wälzen. Ich gehe Dir mit gutem Beispiel voran. Meine Tat soll Deine Tat werden. Und vice versa.

Diesem Über-Ich diametral ist das Es als älteste Instanz der menschlichen Psyche, die umfassende Bedürfnisbefriedigung elementar physiologischer und elementar physischer und psychischer Triebe symbolisierend. Die Libido steht in diesem Es gleichbedeutend und gleichgewichtig neben dem Trieb zur Destruktivität. Beide kennzeichnen die Es-Entwicklung des werdenden Menschen.

Das Ich, die Kontrollinstanz des psychischen Apparats, wägt ab, übt Triebverzicht oder zumindest Triebaufschub. Das Es ist komplett auf sich selbst bezogen, das Ich bezieht die umgebende Realität und damit auch andere Menschen und deren Selbste in die Wahrnehmung und Reflektion des eigenen Selbst mit ein. Charismatische Selbste sind in dieser Es-Phase menschlicher Entwicklung kaum denkbar. Die Realität hat noch keine soziale Dimension. Der Sisyphos erlebt seine Befriedigung, indem er sich mit seinem Felsblock alleine abmüht. Seine Tat ist ausschließlich selbstbezogen. Schaffung einer nachhaltigen Gemeinschaft der Felsblockwälzer: Fehlanzeige.

Freilich gilt für charismatische Phänomene jedweder Art immer auch ein bestimmtes „Psycho-Klima", das dem Über-Ich sowohl bei Führer als auch bei Geführten eine überragende Stellung und eine entsprechende Wirkmächtigkeit ermöglicht. Denn die psychische Instanz des Über-Menschen ist das Über-Ich. Diese Instanz, folgen wir Freud, stellt sich beobachtend, kritisierend und verbietend den übrigen Instanzen des psychischen Apparates entgegen. Das Über-Ich steht stellvertretend für die Autoritäten in der Kindheit des Menschen, an vorderster Front Eltern und Großeltern. Das Über-Ich setzt die Beaufsichtigungsfunktionen dieser Autoritäten fort, die Eltern-Selbste quasi verinnerlichend. Und von dieser Einsicht ist es nur noch ein kleiner Schritt zur Analogie des Übermenschen mit dem Über-Ich: Das Charisma erfüllt die Funktion des kontrollierenden Vorbilds, dem großen Mann fällt, Freud zufolge, „in der Massenpsychologie die Rolle des Über-Ichs" zu. Und Freud weiter: „Das würde also auch für den Mann Moses im Verhältnis zum Judenvolk gelten." Ganz in diesem Sinne wäre der Übermensch genaugenommen ein „Über-Ich-Mensch", der die Klaviatur dieser psychischen

Instanz so zu spielen weiß, dass er damit auch andere in den Bann zieht, folglich charismatische Wirksamkeit entfaltet: lasst uns gemeinsam die Aufgabe des Sisyphos bewältigen und den Felsblock den Berg hinauf wälzen. Diese Beglückung durch die gemeinschaftliche Tat kann uns niemand nehmen. Zu keinem Zeitpunkt.

Dieser aus der Psyche resultierenden Phänomenologie im Sinne Freuds wollen wir noch einige weitere Überlegungen widmen, denn an dieser Phänomenologie lässt sich Wesentliches über die condition humaine nicht zuletzt in dieser Zeit festmachen. Und deswegen werfen wir einen Blick auf den Es-Menschen als Antipoden des Über-Ich-Menschen.

Unter den drei Instanzen des psychischen Apparats ist immer das Es des Einzelnen primärer Adressat der kommerziellen, werbetreibenden Wirtschaft: Möglichst viel, möglichst schnell und ohne nachzudenken sollen Waren gekauft und konsumiert werden, die Triebbefriedigung soll sich sofort und unmittelbar einstellen können, damit möglichst rasch weitere Bedürfnispotentiale geweckt werden. Die Ausdauer erfordernde Aufgabe des Sisyphos wird ignoriert. Gemeinschaftliches Wirken im Dienst an einer Idee liegt außerhalb jeglicher ökonomischen Raison. Die Absurdität wird zum bestimmenden Lebensgefühl, das durch den Rausch potenziert und gleichzeitig negiert wird. In dieser Es-Wirklichkeit sind die Possenreißer am Werk, die dem schnellen Genuss das Wort reden — ohne Rücksicht auf Verluste. Kontroll-Instanz: auch hier Fehlanzeige. Es gilt der Augenblicks-Genuss, das Jetzt, das Hier und das

Heute: Puerilismus, Kindischsein als Daseinszweck. Als Symbol dieses Es-besessenen, infantilistischen Sinnlichkeits-Wahns steht seit biblischen Zeiten der „Tanz um das goldene Kalb“.

Dem Mythos zufolge war das goldene Kalb ein Götzenbild, das die Israeliten nach dem Auszug aus Ägypten gemeinsam mit Aaron schufen, weil ihnen die Abwesenheit des Moses auf dem Berg Sinai zu lange dauerte. Als Symbol für den moralischen Verfall einer nur noch Possen reißenden Gesellschaft hat sich das goldene Kalb sowohl in der darstellenden Kunst als auch in der politischen Kultur bis in unsere Tage gehalten. So hatte etwa die Occupy-Bewegung in Deutschland ein goldenes Kalb zur Versinnbildlichung der Bankenmacht bei ihren einschlägigen Demonstrationen eingesetzt.

Das Psychogramm des Possen reißenden Es-Menschen weist ein auf die Tat lediglich begrenzt Einfluss nehmendes Über-Ich aus. Demgegenüber ist das „Es“ des Über-Ich-Menschen amputiert, die Kontroll-Instanz „Über-Ich“ dominiert den psychischen Apparat und die Tat — ein „Ausfall“ quasi für den schnellen Konsum und dessen solcherart programmierte und programmierende Wirtschaft.

Dies festzuhalten ist deswegen von Relevanz, weil der homo oeconomicus ganz fraglos konstituierend für unsere westliche Hemisphäre geworden ist, dessen Es ins Kalkül kommerzieller Werbung von den Protagonisten des Puerilismus mit einbezogen wird. Diese — zumindest — rudimentäre Konsumenten-Typologie aus Freud'scher Sicht steht im Ergebnis im Gegensatz zu Fausts Egotrip. Faust wollte den Augenblick verewigen, im homo oeconomicus möchte die Wirtschaft die sich selbst perpetuierende Abfolge von Augenblicken verewigt sehen. Ein Augenblick jagt den nächsten, ein Genuss den anderen.

Die Dramaturgie dieser Augenblicks-Ökonomie verliert elementar Menschliches aus dem Blick, unter anderem die gemeinschaftsstiftende Felsblockbewältigung des Sisyphos. Und sie provoziert charismatische Gegenbewegungen, initiiert von Ausnahme-Menschen wie etwa Rudolf Steiner, dessen charismatische Täterschaft ihren Niederschlag gefunden hat in der Anthroposophie, die sich in den frühen Morgenröten des 20. Jahrhunderts einer Respiritualisierung der Welt und des Menschen in ihr verschrieben hatte, sich nicht zuletzt der Frage des Sozialen und der sozialen Gerechtigkeit widmend — dabei das „Ich" Freuds im Sinne einer übergreifenden Vernunft in den Blick nehmend, wenn auch nicht explizit.

Das „Ich" als psychische Charisma-Instanz wird uns in der Folge dann im besonderen Maße im Kapitel über charismatisches Kommunizieren in dieser so und nicht anders gewordenen Welt beschäftigen müssen.

KAPITEL 6

Rudolf Steiner und die Dreigliederung des sozialen Organismus

In einer primär auf materielle Bedürfnisbefriedigung und Daseinsvorsorge ausgerichteten Welt wurde mit der Religion auch das Geistige aus dem öffentlichen Leben zurückgedrängt. Geistiges galt und gilt dem meinungsbildnerischen Mainstream des öffentlichen, wirtschaftlichen und politischen Lebens nur dann als relevant, wenn es den Nützlichkeits-Kriterien des Wirtschaftlichen und dessen Wachstums-Doktrin genügt. Das kapitalistisch geprägte, Universalität für sich reklamierende Wirtschaftsleben beherrscht die zivilisierte Welt westlicher Prägung total, auch Kultur- und Geistesleben stehen im Dienst einer umfassenden Kommerzialisierung — oder fristen ein kümmerliches Schattendasein in als esoterisch oder zumindest als elitär abgestempelten Zirkeln.

Mit dem Geistigen freilich bleibt auch das Soziale auf der Strecke. Das hatte Rudolf Steiner klar erkannt. In seinem kurz nach dem Ende des Ersten Weltkriegs erschienenen Buch „Die Kernpunkte der sozialen Frage in den Lebensnotwendigkeiten der Gegenwart und Zukunft" schreibt er bereits 1920 in der Vorrede zur vierten Auflage dieses Buchs:

„Diese Schrift muss die heute wenig beliebte Aufgabe übernehmen, zu zeigen, dass die Verworrenheit unseres öffentlichen Lebens von der Abhängigkeit des Geisteslebens vom Staate und der Wirtschaft herrührt. Und sie muss zeigen, dass die Befreiung des Geisteslebens aus dieser Abhängigkeit den einen Teil der so brennenden sozialen Frage bildet."

Wie freilich soll das Geistige aus der Fesselung des Materiellen befreit werden? Wie kann der Mythos vom felsblockwälzenden Sisyphos eine soziale Dimension gewinnen? Steiners Antwort: „Man wird der sozialen Frage niemals beikommen, wenn man nicht die Erziehungs- und Geistesfrage als einen ihrer wesentlichen Teile behandelt. Man schafft Antisoziales nicht bloß durch wirtschaftliche Einrichtungen, sondern auch dadurch, dass sich die Menschen in diesen Einrichtungen antisozial verhalten."

Erziehung und Bildung versteht Rudolf Steiner als gesamtheitliche Aufgabe, die den Menschen als Einzelnen, aber genauso die Gemeinschaft der Vielen in den Blick zu nehmen hat. Bildung ist eben Bewegung und Entwicklung des Menschlichen und der Gesellschaft — dies in jeweils gleichen Maßen. Stillstand deren Tod. Bildung in diesem Sinne heißt nämlich nicht zuletzt, sich urteils- und kritikfähig mit sich selbst, aber auch mit seiner menschlichen Umgebung auseinanderzusetzen zu können — immer auf der Suche nach dem Besseren. Dem besseren Menschen. Und der besseren Gesellschaft. Und die Verantwortung für diese so und nicht anders zu gestaltende Bildung sieht Rudolf Steiner bei denen, die erziehen und unterrichten — deren Charisma ist gefragt. Dagegen solle „in diese

Verwaltung (des Erziehungs- und Unterrichtswesens) ... nichts hineinreden oder hineinregieren, was im Staate oder in der Wirtschaft tätig ist."

So wäre es ein Missverständnis von Bildung, den Menschen etwa ausschließlich für die Zwecke der Ökonomie abrichten zu wollen, wie es heute etwa die von der OECD initiierten PISA-Tests vorgeben. Gewiss bedeutet Bildung insbesondere auch das lebenslange Erlernen und Vervollkommnen von Fähigkeiten und Fertigkeiten handwerklicher, technischer, intellektueller, künstlerischer Natur, die das Leben und Überleben eines Individuums in seiner jeweiligen menschlichen Gemeinschaft in angemessener Art und Weise ermöglichen. In diesem Sinn ist Bildung speziell Ausbildung zu einem Beruf. Aber diese Definition allein greift viel zu kurz. Bildung ist mehr. Bildung muss den Menschen nämlich lebenstauglich machen für seine soziale Mikro- und Makroumgebung. Der Broterwerb durch Ausübung eines Berufs ist nur ein Teil eines Ganzen und darf nicht verwechselt werden mit dem Ganzen selbst. Soziale Empathie und ein Gewissen vom moralisch Richtigen gehören insofern notwendig in den Erziehungskanon dazu. Sie sind die Voraussetzung für die Bewältigung der menschheitlichen Sisyphos-Aufgabe. „Erkenntnistheoretisch" fundiert Steiner seine gesamtheitliche Sicht des Menschlichen und der Welt in seiner Fragment gebliebenen Autobiografie „Mein Lebensgang". Hier bringt er es in ein einfaches und nicht zuletzt darum überzeugendes Bild: „Die verschiedenen intellektuellen ‚Standpunkte' lehnen einander ab; die geistige Anschauung sieht in ihnen eben

‚Standpunkte'. Von jedem derselben aus gesehen, nimmt sich die Welt anders aus. Es ist, wie wenn man ein Haus von verschiedenen Seiten fotografiert. Die Bilder sind verschieden; das Haus ist dasselbe. Geht man um das wirkliche Haus herum, so erhält man einen Gesamteindruck."

Ganz im Sinne dieser Kritik einer lediglich eindimensionalen Anschauung des Wirklichen ist auch Rudolf Steiners treffliche Analyse dieses so und nicht anders gewordenen Chaos in punkto des Sozialen zu lesen, dessen Folgen uns namentlich in der fast ausschließlich auf einen Geldwert, den Euro, gründenden EU speziell in unserer heutigen Zeit beschäftigen müssen: „Es ist ein Ungedanke, die Wirtschaftskräfte in einer abstrakten Weltgemeinschaft organisieren zu wollen. Die Einzelwirtschaften sind im Laufe der Entwickelung in die Staatswirtschaften in weitem Umfange eingelaufen. Doch die Staatsgemeinschaften sind aus anderen als bloß wirtschaftlichen Kräften entsprungen. Dass man sie zu Wirtschaftsgemeinschaften umwandeln wollte, bewirkte das soziale Chaos der neusten Zeit."

In seltener Klarheit werden hier die großen Zusammenhänge genauso auf den Punkt gebracht wie deren Auswirkungen auf das Leben des einzelnen Menschen. Dessen Bewusstsein habe den Zusammenhang mit dem unmittelbaren Leben verloren, wenn er an der Maschine — wir könnten heute ergänzen: an den Bildschirmarbeitsplätzen — und innerhalb der kapitalistischen Lebensordnung eingespannt sei: „Der Kapitalismus ist die Macht geworden, die noch einem Rest des Menschenwesens den Charakter der Ware aufdrückt: der Arbeitskraft."

Die Entfremdung des Menschen von seinem eigenen, individuellen Selbst ist genauso das Ergebnis dieser kapitalistischen Lebensordnung wie die Entfremdung des Menschen von seiner sozialen Umgebung. Sisyphos bleibt innerhalb dieser Lebensordnung ein isolierter Felsblockwälzer, nicht zuletzt deswegen, weil das Prinzip der Arbeitsteilung im Wirtschaftsleben ihrem eigentlichen Geist widerspricht: „Wer in einem auf Arbeitsteilung eingestellten sozialen Organismus arbeitet, der *erwirbt* eigentlich niemals sein Einkommen selbst, sondern er erwirbt es durch die Arbeit *aller* am sozialen Organismus Beteiligten."

Beim Den-Berg-Hinaufwälzen des Felsblocks hat jeder eine ihm spezifisch eigene Aufgabe, die er nach bestem Wissen und Gewissen und unter Einsatz der ihm zur Verfügung stehenden Kräfte löst. Es ist insofern die Gesamtheit aller Felsblockwälzer, die im gemeinschaftlichen Tun einen Mehrwert schafft — frei nach der systemtheoretischen Maxime, nach der das Ganze einer Leistung immer mehr ist, als die Summe seiner Teile: „Die Arbeitsteilung drängt den sozialen Organismus dazu, dass der einzelne Mensch in ihm lebt nach den Verhältnissen des Gesamtorganismus; sie schließt *wirtschaftlich* den Egoismus aus."

Im „egoismusfreien Schaffen der Arbeitsteilung" verwirklicht sich der Mythos von Sisyphos als Sozial-Mythos. Und dies letztlich in allen Bereichen unseres Lebens. Denn im Verein mit der von ihm ins Leben gerufenen Anthroposophie hatte Rudolf Steiner eine Vielzahl von Bewegungen initiiert und viele Bereiche unseres Lebens im Sinne dieses Sozial-Mythos beeinflusst. Von der Waldorf-Pädagogik und Heilpädagogik, über die anthroposophisch inspirierte Medizin, die Architektur, die Malerei, die Theaterkunst, die Landwirtschaft und so weiter, allesamt mit erheblichen sozialen Implikationen, diese wirksam werdend bis hinein in die sublimsten Ebenen menschlichen Miteinanderlebens und -arbeitens. Steiners Sozialimpuls war und ist eine Revolution aus dem Innersten des Menschen heraus, hineinwirkend in einen vom Geistigen durchdrungenen sozialen Kosmos. Genauso ist die Dreigliederung des sozialen Organismus zu verstehen, gleichbedeutend einem revolutionären Entwurf gesellschaftlichen Lebens. Sich dieses Entwurfs anzunehmen, sich damit auseinanderzusetzen, lohnt sich immer noch, denn vieles von dem, was Steiner diagnostiziert hatte, ist zeitlos relevant.

Was genau versteht Rudolf Steiner unter der „Dreigliederung des sozialen Organismus"? Prägnant formuliert findet sich eine Definition in einem Aufruf „An das deutsche Volk und an die Kulturwelt", der im März 1919 als Flugblatt gedruckt und weit verbreitet wurde: „Der soziale Organismus ist gegliedert wie der natürliche. Und wie der natürliche Organismus das Denken durch den Kopf und nicht durch die Lunge besorgen muss, so ist dem sozialen Organismus die Gliederung in Systeme notwendig, von denen keines die Aufgabe des andern übernehmen kann, jedes aber unter Wahrung seiner Selbstständigkeit mit den anderen zusammenwirken muss."

Steiner zufolge steht das wirtschaftliche Leben gleichbedeutend und in voller Selbstständigkeit neben dem politischen und vice versa: „Ihr heilsames Zusammenwirken kann nicht dadurch erreicht werden, dass beide Glieder von einem einzigen Gesetzgebungs- und Verwaltungsorgan aus versorgt werden, sondern dass jedes seine eigene Gesetzgebung und Verwaltung hat, die lebendig zusammenwirken. Denn das politische System muss die Wirtschaft vernichten, wenn es sie übernehmen will; und das wirtschaftliche System verliert seine Lebenskräfte, wenn es politisch werden will."

Steiner weiter: „Zu diesen beiden Gliedern des sozialen Organismus muss in voller Selbstständigkeit und aus seinen eigenen Lebensmöglichkeiten heraus gebildet ein drittes treten: das der geistigen Produktion, zu dem auch der geistige Anteil der beiden anderen Gebiete gehört, der ihnen von dem mit eigener gesetzmäßiger Regelung und Verwaltung ausgestatteten dritten Gliede überliefert werden muss, der aber nicht von ihnen verwaltet und anders beeinflusst werden kann, als die nebeneinander bestehenden Gliederorganismen eines natürlichen Gesamtorganismus sich gegenseitig beeinflussen."

Wirtschaftsleben, politisches Leben und geistiges Leben wirken ineinander und bilden in ihrem Zusammenwirken jenen sozialen Organismus, in dem sich die individuelle Identität der Persönlichkeit genauso wiederfindet wie ein nach den Prinzipien des Geistes funktionierender Gesamtorganismus. Unstrittig ist dabei der aus seinen Zwängen und Fesseln befreite Geist die treibende Kraft, die eine gedeihliche menschheitliche Entwicklung ermöglicht. Es gilt aber auch: „Wenn der soziale Organismus sich so weiterentwickelt, wie er es bisher getan hat, dann entstehen

Schäden der Kultur, die für diesen Organismus dasselbe sind, was *Krebsbildungen* im menschlichen natürlichen Organismus sind."

Wie lässt sich die wie auch immer geartete Erkrankung heilen? Rudolf Steiners Antwort: „Die Kräfte der Zeit drängen nach der Erkenntnis einer sozialen Struktur der Menschheit, die ganz anderes ins Auge fasst als was heute gemeiniglich ins Auge gefasst wird. Die sozialen Gemeinschaften haben sich bisher zum größten Teil aus den sozialen Instinkten der Menschheit gebildet. Ihre Kräfte mit vollem Bewusstsein zu durchdringen, wird Aufgabe der Zeit."

Ganz im Sinn dieses verantwortlichen Bewusstseins waren der Dreigliederungsgedanke und seine Implikationen eine bemerkenswerte Antwort Rudolf Steiners auf die von ihm diagnostizierte Krise der Zeit. Seine Idee, Wirtschaftsleben und Rechtsleben, Letzteres versinnbildlicht im Staat, vom Geistesleben durchdringen zu lassen, war fraglos faszinierend — an der Realisierung dieser Idee waren jedoch vor ihm auch schon andere gescheitert. 2500 Jahre vor ihm zum Beispiel Plato. Inwieweit Steiner in der Dreigliederungsidee tatsächlich das „Erkenntnis-Sehnen der Zeit", wie er in seiner Autobiografie meinte, identifiziert hatte, muss offen bleiben. Von den Seelenbedürfnissen der Mitglieder der anthroposophischen Gesellschaft zurückzuschließen auf die Menschheit im Allgemeinen, war speziell bei der Realisierung dieses gesamtgesellschaftlichen Entwurfs einer Neuordnung zum Scheitern verurteilt. Es fehlten Steiner dabei auch die Gefolgsleute an den Schalthebeln der Macht und damit die Möglichkeiten einer instrumentellen Durchsetzung dieser Idee. In der Krisendiagnostik freilich kann Rudolf Steiner nicht widersprochen werden. Wer wollte bezweifeln, dass das Experiment „Mensch" auf diesem Planeten speziell im Sozialen mit vielfachen Risiken, Gefahren und Gefährdungen verbunden ist. Und ob es letztlich gelingen wird, begleitet uns als stets offene Frage von Flüchtlingsstrom zu Flüchtlingsstrom, von Krieg zu Krieg, von GAU zu Super-GAU und zurück. Ist diese Menschheit in Steiners Sinne auf einem „gesunden" Weg bei ihrem Bemühen, auf diesem Planeten zu überleben?

Die großen Fragen der Welt und des Menschen in ihr hatte Steiner zweifellos erkannt und für sich und seine Anhänger beantwortet. Nicht zuletzt hatte er seine persönlichen Konsequenzen in seinem eigenen Leben gezogen und gelebt. Wer von uns kann heute von sich sagen, dass er nach seinen Überzeugungen lebt?

Steiners Charisma hatte die Strahlkraft des Geistigen und sein Wirken in allem, was er anpackte, war von diesem Geistigen durchdrungen. Zum Beispiel in der von ihm ins Leben gerufenen Heilpädagogik. Auch dank eines sehr konzentrierten Wirkungsansatzes bewähren sich diese Bewegung und ihre Institutionen weltweit auch heute noch. Und zwar bereichert um eine besondere Dimension des Menschlichen an sich, indem die Mitwirkung speziell „seelenpflegebedürftiger" Menschen (so der von Steiner geprägte Ausdruck) beim gemeinschaftlichen Felsblockwälzen als wesentlich erkannt und praktiziert wird.

Als Initiator und geistiger Vater einer Sonderform dieser Bewegung wirkte Karl König in der Nachfolge Steiners, quasi. Mit der von König initiierten, heilpädagogischen und sozialtherapeutischen Camphill-Bewegung verbunden ist nicht zuletzt die Frage nach Krankheit und Gesundheit der Gesellschaft im Allgemeinen. Dieser Frage wollen wir uns nun zuwenden. Denn auch und speziell in der Auseinandersetzung mit dieser Thematik wird uns das machtvolle Wirken eines spezifisch eigenen Charisma vor Augen geführt.

KAPITEL 7

Karl Königs Heilpädagogik

Das Nachdenken über Gesundheit und Krankheit ist so alt wie das Nachdenken des Menschen über sich selbst. Denn zweifellos gehört das Sich-Krankfühlen zu den elementaren Wahrnehmungen des Individuums in seiner Beziehung mit sich selbst. Wir fühlen uns elend, haben Schmerzen, sind matt — meist begleitet von spezifischen oder aber unspezifischen physiologisch zu beschreibenden Symptomen. In diesem Sinne wird Krankheit elementar zur antithetischen Definition von Gesundheit: gleich Abwesenheit von Krankheit — und greift damit zu kurz. Krankheit und Gesundheit sind nämlich vieldimensionale Phänomene, die Gesamtheit des Menschlichen schlechthin umfassend. Nicht von ungefähr hat Johann Wolfgang von Goethe gegenüber seinem Vertrauten Friedrich Wilhelm Riemer die Gesundheit sogar als „Tugend" charakterisiert. Der Geheime Rat verstand Gesundheit als ständigen Prozess der Abwehr von Störungen eines harmonischen Gleichgewichts einander widerstrebender Kräfte. In diesem Sinne ist Gesundheit in unserem Verständnis ein Charisma in Reinkultur.

Begeben wir uns gemeinsam auf die Suche nach den großen Zusammenhängen. Unsere Spurensuche führt uns dabei zurück zum „Goetheanisten" Rudolf Steiner und der von ihm initiierten Heilpädagogik, die von dem Wiener Arzt Karl König zu der weltweiten Camphill-Bewegung hin entwickelt worden ist. Das in dieser Pädagogik angestrebte Heil hat gesamtheitliche Dimensionen, das Gesamtmenschliche umfassend, gleichbedeutend einer Antwort auf die Krankheit unserer Welt und unserer Zeit.

Das Leiden unter der Zivilisation an sich, ausgelöst durch den metaphysisch zu verortenden „Verlust der Mitte", den irdischen Glückswillen zum Absoluten steigernd, hat den Menschen in seinem Selbstsein und seinem Selbstverständnis entwurzelt. Das in der amerikanischen Verfassung reklamierte Recht auf Streben nach Glück und die damit einhergehende Beschränkung auf seine materielle Dimension hat zur Folge, dass die erlebte Realität zum Irrsinn gerinnt, wie Erich Fromm zu Recht anmerkt. Mit Karl Jaspers auf den Punkt gebracht: „Dieser moderne Mensch an sich glaubt sich krank, weil er sich unglücklich fühlt."

Was aber genau ist ein dieser Moderne angemessener Begriff von Krankheit und Gesundheit? Auf jeden Fall ist Gesundheit nicht nur die Beschreibung eines Zustands (Abwesenheit von Krankheit) oder die Beschreibung eines Entwicklungsresultats (Genesen von einer Krankheit), sondern gleichbedeutend der nachhaltigen Erhaltung dieses Zustands durch unterschiedlichste Methoden und Mittel. Die essentielle Frage lautet: Wie halte ich mich gesund? Wie bewahre ich mir dieses Charisma „Gesundheit"?

Zu allen Zeiten waren und sind Gesundheits- und Krankheitsdefinitionen ideologisch bestimmt. Der gesunde Geist in einem gesunden Körper entspricht sicherlich einem Ideal, darf aber nicht missbraucht werden — wie etwa in Deutschlands nationalsozialistischer Ideologie. Ein gesunder Geist kann durchaus auch in einem kranken Körper zur Entfaltung kommen, genauso wie ein gesunder Körper einem kranken Geist eine Wohnstatt bieten kann. Entscheidend in diesem Zusammenhang ist in allen Zeiten die sozialisierte Norm dessen, was als krank und was als gesund gelten soll.

Soziologisch etwa von besonderer Relevanz, die „Gesundheit einer Gesellschaft" betreffend, ist der Umgang mit dem Phänomen „Krankheit" bzw. die in einer Gesellschaft herrschende Definition von „Gesundheit und Krankheit". Ein besonders makabres Beispiel der Instrumentalisierung der Definitionen haben die Nazis in Deutschland geliefert: Gesund ist, was der Volksgemeinschaft nutzt, krank, was ihr schadet. Als Autorität zur Legitimation dieser nazistischen Herrschaftsbegriffe von Krankheit und Gesundheit diente Juvenals „mens sana in corpore sano".

Die gängige Redewendung stammt aus Juvenals Satiren und wurde durch Verkürzung aus ihrem ursprünglichen Sinnzusammenhang herausgerissen. Das vollständige Zitat lautet: „Orandum est, ut sit mens sana in corpore sano". Auf Deutsch: „Beten sollte man darum, dass in einem gesunden Körper ein gesunder Geist sei".

Doch gehen wir den Begriffen philosophisch auf den Grund. Wegleitend bei dieser Spurensuche ist dabei die

Frage nach den hinter den Begriffen „Krankheit" und „Gesundheit" stehenden allgemeinen Menschenbild einerseits und dem konkreten Verhältnis von Arzt und Patienten andererseits. Karl Jaspers etwa hatte darüber eine sehr pointierte Meinung: „Die Therapie und der Umgang mit dem Menschen überhaupt hat die Führung durch ein Menschenbild verloren, das in der Idee des Arztes wie in der Idee von den untilgbaren Ansprüchen jedes Menschen als Menschen in der Würde seines möglichen Vernunftseins liegt."

Damit sind wir mitten drin im philosophischen Diskurs über Gesundheit und Krankheit und damit über das Menschsein schlechthin. Um mit Mihailo Markovi zu fragen: „Die Idee der Humanisierung der Welt setzt eine bestimmte anthropologische Konzeption voraus: Was ist der Mensch, was ist seine Natur, was ist die authentische Existenz, was bedeutet es, ein wahrhaft menschliches Leben zu leben?"

Ein „wahrhaft menschliches Leben". Was ist das? Wie können wir auf diese Frage eine Antwort finden — jenseits totalitärer Ideologien jedweder Provenienz, aber auch jenseits aller Religion, die zumindest in punkto ihrer organisierten Erscheinungsformen, Sekten oder Kirchen unter Generalverdacht steht. Was also ist unser Bild vom Menschen. Der Mensch sei des Menschen Wurzel, meinte Karl Marx. Der Begriff „Mensch" wird dabei deskriptiv und normativ gebraucht. Im Klartext: Alles, was der Mensch tut, was er denkt, sein Handeln, seine Verantwortung — ist menschlich. Im Guten wie im Bösen. Wir sind als Individuen die Wurzel alles Guten und alles Bösen. Kein Verweis mehr auf die Verantwortung eines Gottes, wir sind uns selbst, unserem Selbst verantwortlich — und unseren Mitmenschen.

Zu allen Zeiten war die Gesundheit ein „Wert an sich". Auch der in den Kreislauf des natürlichen Lebens eingebundene Mensch musste nach Gesundheit streben, wenn er denn überleben wollte. Allerdings gab und gibt es auch Gemeinschaftsformen des natürlichen Lebens, in denen zum Beispiel psychisch Kranke als „heilig" galten, ihnen insofern ein herausgehobener Rang in der sozialen Ordnung zuteil wurde. Die Krankheit wird in solchen Formen der Vergemeinschaftung zur Gnadengabe, zum Charisma. In der „klassischen" Werteordnung der Griechen vor zweieinhalb Jahrtausenden gehörte die physische Gesundheit als Folge körperlicher Ertüchtigung zum Streben nach den eigentlichen Werten Wahrheit, Tugend, Schönheit dazu. Die Kalokagathia, der Dreiklang von Wahrem, Gutem und Schönem, die auch heute noch der alma mater selbstverständlich ist, prägte das Menschenbild und stand sinnstiftend an der Wiege des Abendlandes. Erst das Heraustreten des Menschen aus dem Kreislauf des natürlichen Lebens, sich entwickelnd aus dem Amalgam christlicher Heilslehre, Ökonomie, Wissenschaft und Technik brachte eine Disharmonie in diesen Dreiklang.

Verbliebenes Relikt dieses Dreiklangs ist ein eindimensionierter Schönheitsbegriff, dem Kommerz und den Moden unterworfen, ohne menschliche Tiefe. Wahrheit und Tugend? Zerschreddert im Räderwerk einer alle Werte zermalmenden Nihilismusmaschine des eindimensional

Ökonomischen — zumindest innerhalb unserer Hemisphäre. Und die „Gesundheit"? Fraglos: Noch immer ein Wert an sich, weil sich damit gutes Geld machen lässt. Und außerdem bestens als Appendix von Schönheit geeignet, in der „Denke" der Marketingstrategen jedenfalls.

Das individuelle Leben — zurückgeworfen auf eine brachiale Eindimensionalität, begrenzt vom naiven Mythos ewiger Jugendlichkeit, menschliches Existieren reduziert auf die engen Horizonte eitler Selbstverliebtheit. Der tägliche Felsblock gehört mir allein. Absurdität in Reinkultur. Ein Schönheits-Zombie wie Michael Jackson lässt grüßen. Individuelle Gesundheit gerinnt an Jacksons Beispiel zum metaphorischen Symbol einer an sich selbst krank gewordenen Gesellschaft. Das Thema „Gesundheit", da dürfen wir uns nichts vormachen, ist zum Spielball des Kapitalismus geworden, und dessen Protagonisten kennen nur ein Ziel: Die Mehrung ihres Profits in einem globalisierten Spielcasino, das alle „Werte" in Geld rechnet. Gesundheit — eine Tugend im Sinne Goethes? Gar ein Charisma, das diszipliniert erarbeitet werden will?

Fraglos: Unser Verständnis von „Gesundheit" ist aus den Fugen geraten, damit die Situation des Menschlichen in dieser Zeit und in dieser Welt schlechthin versinnbildlichend. Eine „vollkommene Gesundheit", wie sie von der Weltgesundheitsorganisation reklamiert wird, muss einem relativen Begriff von Gesundheit weichen — relativ im Verhältnis der sozialen Entitäten, Kulturen und Bewegungen zu- und untereinander. Relativ vor allem innerhalb jener sozialen Entitäten, um die es in einem pragmatischen

Ansatz des Wandels gehen kann und muss. Der Sisyphos ist gefordert, als Sozialwesen zu wirken. Auf Dauer allein den Felsblock den Berg hinauf zu wälzen, macht letztlich krank, weil sich das damit verbundene, von Camus reklamierte Glücksgefühl ausschließlich als narzistische Bespiegelung des eigenen Selbst erweist. Der Sisyphos kreist um sich selbst und bleibt ein dem Wahn selbstgefälliger Glückseligkeit verfallener Egomane.

Als Vorbild in der Überwindung dieser Egomanie wirkt Karl Königs „Heilpädagogik", inspiriert von Rudolf Steiners Anthroposophie — im Wortsinn: „Pädagogik des Heils bzw. des Heilens" — Wegleitung des Heilens bzw. des Heils. In der weltweiten Camphill-Bewegung und damit an jedem der zahllosen Orte, an denen Camphill wirkt, wird soziales Heil manifest: im Zusammenleben und -arbeiten von Gesunden und von Pflegebedürftigen, täglich gemeinsam den Felsblock in Angriff nehmend.

Karl König freilich, 1902 in Wien in einer jüdischen Familie geboren und 1938 vor den Nazis nach Schottland geflohen, wollte seinen eigenen Ansatz heilpädagogischen Wirkens weiter gefasst wissen — als „menschliche Haltung", die eine „neue Demut im Herzen" voraussetzt und „in allem, was Menschenantlitz trägt, den Bruder erkennt." König hatte Heilpädagogik als „zeitbedingte Notwendigkeit" verstanden, „weil der Mensch sich mehr und mehr in einer Sondersituation findet, in welcher er Führung, Geleit und Hilfe bedarf." Denn diese Wohlstandsgesellschaft, so König, habe begonnen, ihr eigentliches Menschsein zu vergessen. Leidtragend in des Wortes Bedeutung mit an vorderster Front: die menschliche Seele. Genau deren Angreifbarkeit hat Karl König vor Augen, wenn er schreibt: „Während des letzten Jahrhunderts hat die zunehmende Spannung im Leben der Menschen eine solche Höhe erreicht, dass die Seele andauernd unter den auf sie einhämmernden Sinneseindrücken steht. Diese kommen pausenlos durch Auge und Ohr, durch die Haut und andere Sinnesorgane heran und unterwerfen die Seele einem fortgesetzten Trommelfeuer von Eindrücken. Unter solch einem überwältigenden Ansturm scheint die Seele selbst zu verschwinden und kaum mehr zu sein als ein Spiegel für die äußeren Eindrücke. Das Leben der Seele geht unter in dem Wirbel von Farben und Tönen, Geräuschen und vorbeiziehenden Bildern."

Seelische Hilfe tut not. In seinem Aufsatz „Vom Sinn und Wert heilpädagogischer Arbeit" schreibt König: „Wir müssen nur die Idee der Heilpädagogik weit genug fassen, um ihrer wahrhaften Bestimmung ansichtig zu werden. Sie ist nicht allein die Praxis der Kinderpsychiatrie und die pädagogische und psychologische Bemühung, milieugeschädigter Kinder und gestrandeter Jugendlicher Herr zu werden. Sie will zu einer weltweiten Tätigkeit werden, um der überall entstandenen Bedrohung der Person hilfreich entgegenzutreten."

Das pädagogische, wegleitende Heil, das als Beispiel und Vorbild über Camphill hinaus zur Wirkung gelangen muss, ist die in Camphill gelebte menschliche Brüderlichkeit über das Be- und Ausgrenzende von Gesundheit und Krankheit hinaus. Der Gesunde schenkt dem Bedürftigen und vice versa das Gefühl des wahlverwandtschaftlichen Füreinanderdaseins, des Aufeinanderangewiesenseins — ganz ohne Wenn und Aber. Wir stehen jeden Tag gemeinsam am Fuß des Berges, arbeiten Hand in Hand und Schulter und Schulter und machen den Felsblock des Sisyphos zu einer gemeinsamen Aufgabe. In diesem Sinn macht der humanitäre Impuls in der Camphill-Bewegung den Einzelnen zum Pädagogen des eigenen Heils, der das Verbindende gerade in der Andersartigkeit versteht, respektiert, akzeptiert — und dadurch in seinem persönlichen Leben unendlich bereichert wird. Verständnis alles Menschlichen, Respekt für ein anderes Wollen und Akzeptanz dieses Wollens bis an die äußerste Grenze des eigenen Selbst, diese Grenze immer weiter verschiebend, ohne sie je ganz und damit die eigene Individualität preis zu geben, sondern das eigene Selbst am je anderen Selbst erweiternd und entwickelnd — ein lebenslanges Lernprogramm im selbstverständlichen Umgang der Menschen unter- und miteinander, die charismatische Maxime „Mensch unter Menschen zu sein“ im tiefst möglichen Verständnis verwirklichend: Heilpädagogik als charismatische Wegleitung des eigenen Selbst zu einem am anderen Menschen erfüllten und in der täglichen Felsblockbewältigung erfüllenden Leben. Das „Heil“ als Ziel in diesem Verständnis von Pädagogik lässt den Einzelnen zu einem verantwortungsbewussten Überwinder der Antagonismen dieser Welt werden, beziehungsweise zu einem charismatischen Harmonisierer, zu einem Bändiger dieser einander widerstrebenden Kräfte. In der geheilten Welt verwischen die Grenzen von Krankheit und Gesundheit genauso wie die fundamentalistischen Doktrinen „sogenannter“ Heilsreligionen, die in ihren Kirchen ihren eigenen Ansatz missverstehenden. Die „Heilpädagogik“ braucht keinen Gott — ihr Heil liegt im charismatisch zu sich selbst gekommenen Menschen.

Zu sich selbst kommende Menschen hat auch eine recht junge Institution in Worms am Rhein im Blick: Die ALISA-Stiftung. Verdienstvolle Stiftungen dieser Art gibt es mittlerweile erfreulich viele in Deutschland. Und es werden immer mehr. ALISA zeichnet sich jedoch nicht zuletzt dadurch aus, dass die Entwicklung einer spezifisch eigenen Pädagogik in den Blick genommen wird — im Fokus: Die soziale Gesundung eines prekären Stadtteils in der Nibelungenstadt am Rhein. Dieser ALISA-Stiftung und ihrer Pädagogik wollen wir uns nun zuwenden.

KAPITEL 8

Das Charisma des Geldes

Persönliches Glück? Ja, aber nicht auf Kosten anderer. Mehr noch: Die Förderung eines Bewusstseins und daraus resultierender Einstellungen, dass Glück ein soziales Phänomen ist, persönliches Glückserleben einen Beziehungskontext braucht — nicht einem asozialen, letztlich vereinsamenden Individualismus das Wort redend, sondern eine menschliche Individualität in all ihren, auch und speziell sozialen Dimensionen auf den Schild hebend. Sisyphos, der im Mitmenschen sich selbst, sein eigenes Selbst erkennt und darum Glück im gemeinschaftlichen Felsblockwälzen erfährt. In unserer ökonomischen Hemisphäre ist demgegenüber das am Konsum festgemachte egoistische Glück einer größtmöglichen Zahl an Menschen verwirklicht, das Reich der Notwendigkeit ist bis an seine Grenzen vermessen, Verwerfungen und Auswüchse innerhalb dieser Grenzen einerseits ignorierend und andererseits weit über diese Grenzen hinaustragend. Die spirituell emotionale Komponente sozialen Glücks innerhalb dieser Grenzen liegt jedoch brach. Und die Vertreter des in diesem Sinn sozial verstandenen mythischen Sisyphos in der Wirklichkeit unseres Lebens werden an die Peripherie der Gesellschaft gedrängt und von den konformistischen Ego-Glücksrittern aus deren Mitte ignoriert oder befehdet. Reformen täten Not, aber Wille und Kraft der Verantwortlichen fehlen, diese Reformen auch anzupacken. Der eindimensional materielle Rausch der omnipräsenten Konsum-Welt betäubt die mögliche Perzeption eines weitergefassten, am sozial dimensionierten menschlichen Selbst sich verwirklichenden Glücksempfindens. Der Glückswillen des Einzelnen reduziert sich auf den schnellen Genuss und die unmittelbare Bedürfnisbefriedigung.

Das konsumistische Glücksempfinden hat in unserer Hemisphäre mittlerweile eine beachtliche Tradition und wurde von der kommerzialisierten Ökonomie umfassend ritualisiert. Der daraus sich entwickelnden Verhaltensmechanik fehlt jedoch notwendig die Erdung in den Essentialien des Menschlichen. Jede Reformidee muss sich aber genau dieser Essentialien vergewissern und diese in ein pädagogisches Programm integrieren. Was sich nämlich über einen langen Zeitraum entwickelt hat, lässt sich nicht eben mal rasch en passant innerhalb einer Generation auf Knopfdruck umstellen. Die gesamtgesellschaftliche Reform braucht ein pädagogisches Initial, das nachhaltig und damit über Generationen hinweg zur Wirkung gelangt. Denn eine ritualisierte Verhaltens- und Konsum-Mechanik lässt sich nur à la longue verändern. Genau diese Veränderung ist angesagt und muss insofern sinnvollerweise Akzente in der Pädagogik setzen. Der Pädagoge ist nämlich per definitionem und der Bedeutung des Wortes folgend ein Führer der Jugend. Damit künftige Jugendliche Führer ihres eigenen Selbst werden können, Pädagogen des eigenen Lebens, bedarf es eines neuen Verständnisses pädagogischer Zielsetzung. Pädagogik nicht mehr verstanden als Abrichtung des Einzelnen zur optimalen Funktionstüchtigkeit innerhalb einer alles und jeden in Besitz nehmenden Ökonomik, sondern den Menschen als Menschen in den Blick nehmend, sein Angewiesen-Sein auf andere zum Bildungsziel erklärend im Sinne eines *inter homines esse*, „Mensch unter Menschen zu sein" als charismatische Leitidee verwirklichend: lasst uns gemeinsam den Felsblock den Berg hinauf wälzen.

Eine solche Zielsetzung setzt vieles voraus und ist als gesamtgesellschaftliches Projekt Illusion. Der Anschub muss im pianissimo der kleinen Zahl vorbildhaft Zeichen setzen. Pädagogik verstanden als Jedefrau-/Jedermann-Prinzip, sich gegenseitig und wechselwirkend bereichernd durch die gemeinsame Arbeit an der Verlebendigung eines unstrittigen Daseinszwecks, Mensch unter Menschen sein zu dürfen — die spirituelle Dimension menschlicher Individualität in ein pädagogisches Konzept zurückverpflanzend unter essentiellem Einbezug der gesellschaftlichen Horizontalen, verstanden als ein Angewiesensein im Mit- und Füreinander alltäglicher Daseinsbewältigung.

Ein wesentliches Momentum dieser Daseinsbewältigung ist der Respekt vor dem jeweils anderen Menschen, der Respekt vor seinem Anderssein, vor seinem so und nicht anders gewordenen bzw. sich entwickelnden Selbst. Dieser respektvolle Umgang miteinander will und muss von frühesten Kindesbeinen an erlernt und eingeübt werden. Denn Respekt ist die Grundlage des Lebens in Gemeinschaften, des Lebens miteinander. Und speziell für Kinder gilt, dass sie nur in Beziehungen lernen, in Beziehungen die Welt erforschen, ihre Grenzen und Möglichkeiten ausloten können, das Gewicht des Felsblocks erfahren, geleitet und angeleitet von Erzieherinnen und Erziehern, die sich ihrer diesbezüglichen Verantwortung bewusst sind. Insofern ist der Aufbau und die Pflege von Beziehungen, deren aktive Gestaltung conditio sine qua non einer dem Menschlichen zugewandten Pädagogik. Freilich setzt die Realisierung eines solchen pädagogischen Konzepts auch besondere pädagogische Persönlichkeiten voraus. Eine ständige Reflektion und Arbeit am eigenen Selbst muss hier notwendig eingefordert werden, denn die Beziehung zu den Schutzbefohlenen wirkt auch als Spiegel des eigenen Auftretens und Verhaltens.

In überzeugender Art und Weise hat die Stiftung Alexandra Lang-Initiative Soziales und Arbeit, kurz: ALISA-Stiftung, Pädagogik in eben diesem Sinne definiert. Und dies generationenübergreifend — quasi von der Wiege bis zur Bahre. Und Initial dieses pädagogischen Ansatzes war und ist das Charisma des — Geldes. Ja, Geld kann, richtig verstanden und integriert in ein über den Geldwert hinausgehendes, wertorientiertes Koordinatensystem charismatische Qualitäten entwickeln. Und genau dafür steht als Beispiel die ALISA-Stiftung — ins Leben gerufen kurz nach der Jahrtausendwende von Ilse Lang, der Erbin eines beträchtlichen Industrie-Vermögens in der Nibelungenstadt Worms am Rhein. Dem Ort und seiner Charakterisierung als „Nibelungenstadt“ gebührt dabei durchaus symbolträchtig Bedeutung. Dem Nibelungen-Epos zufolge hat Hagen von Tronje den Goldschatz der Nibelungen nämlich im Rhein bei Worms versenkt, einem Akt der Befreiung vom Materiellen gleich. Dort wurde ihm denn auch am Rheinufer ein Denkmal errichtet. Die Botschaft: Gold und Geld sind nichts wert, wir Menschen erst verleihen Gold und Geld Wert, wir machen beide werthaft — vor allem dadurch, dass wir die daran geknüpfte Macht sinnhaft zur Entfaltung kommen lassen, uns frei machen von der rein materiellen Attraktion des Geldes, eine spirituelle Freiheit zur Verwirklichung von Menschlichkeit lebend, die ihren Zweck in sich selbst findet.

Genau dies tut Ilse Lang mit einem beträchtlichen Teil ihres Vermögens zum Gedächtnis und Vermächtnis ihrer Tochter Alexandra. Alexandra, eine junge Künstlerin, wurde im Alter von 30 Jahren tragisches Opfer eines durch einen Wormser Arzt verursachten Behandlungsfehlers. Nicht zuletzt zur Erinnerung an Alexandra Lang wurde die ALISA-Stiftung ins Leben gerufen.

Die Stiftung hat sich dem Motto *Spielen-Forschen-Lernen* verschrieben. Vor allem Kindern aus dem sogenannten „Wormser Norden“ und aus sozial schwachen Haushalten hilft die Stiftung. Dabei arbeitet sie mit Schulträgern, Unternehmen aus der Privatwirtschaft und Eltern zusammen. Vor allem aber setzt sie auf das ehrenamtliche Engagement zahlreicher Helferinnen und Helfer jeglichen Alters. Die

Jungen lernen von den Alten, die Alten lernen von den Jungen, die Alten begleitet von der beglückenden Erfahrung, dem eigenen Leben noch einmal eine neue Richtung und einen neuen Sinn geben zu können, die Jungen im alltäglichen Erleben von Vorbildern außerhalb des eigenen, oft zerrütteten familialen Kontextes. Spielerisch werden Grenzen gesetzt, Regeln des Miteinander-Umgehens erfahrbar gemacht, Sozialverhalten in einem umfassenden Sinn eingeübt.

Dank dieses Verständnisses entwickelt sich ALISA zu einer charismatischen Vergemeinschaftung im besten Wortsinn. Und dies ganz außerhalb der üblichen Trampelpfade vergleichbarer Einrichtungen — mit viel Freiraum und Spontaneität und im Bewusstsein vom Besonderen des eigenen Ansatzes. Die spirituellen Leitlinien dieses eigenen Tuns entfalten sich einerseits koevolutionär zur sich stetig verändernden sozialen Wirklichkeit in Worms einerseits und durch den inspirierenden Gedankenaustausch mit den Mitgliedern der Wormser Ethik-Initiative andererseits. Diese Ethik-Initiative ist eine Arbeitsgemeinschaft vornehmlich Wormser Bürgerinnen und Bürger, die sich leitmotivisch einer Nachhaltigkeits-Ethik in der Erziehung verschrieben haben. In einer entsprechenden Ethik-Charta für eine nachhaltige Erziehung findet sich demzufolge der Satz: „Alle Menschen sollen sich frei entfalten können — aber nicht zu Lasten anderer, auch nicht nachfolgender Generationen."

Sich an diesem Leitsatz orientierend hat das ALISA-Engagement viele Facetten und greift in unterschiedlicher

Art essentielle Bildungsthemen auf. Und dies im Verein mit zahlreichen anderen Bildungsträgern der Stadt Worms. Im Mittelpunkt des eigenen Ansatzes steht nicht zuletzt eben das Projekt Spielen–Forschen–Lernen. Dieses Projekt zielt darauf ab, spielerisch gesellschaftliche, aber auch allgemein menschliche Grundwerte sowie — aus diesem Ansatz resultierend — einen nachhaltigen verantwortlichen Umgang mit Energie, Natur und Umwelt zu vermitteln, um so den Kindern einerseits Wege zur Wahrnehmung des eigenen Selbst zu ebnen und andererseits bessere Zukunftschancen durch das Verständnis der in besonderer Form geprägten Welt in unseren Breiten zu ermöglichen. Gleichzeitig lernen die Kinder durch das Projekt, selbstbewusst und kritisch auch gegenüber ihrer sozialen Umwelt aufzutreten.

„Spielen–Forschen–Lernen“ besteht aus mehreren Bausteinen:

Im ersten Jahr steht das Spielen im Vordergrund. Die Kinder werden zunächst in die Gruppe integriert und erlernen Grundregeln des Zusammenlebens und der Zusammenarbeit. Spielerisch erfolgt dann das Heranführen an die Themen Energie, Natur und Umwelt.

Im zweiten Jahr liegt der Schwerpunkt auf dem Forschen. In Experimenten und Gruppenarbeiten werden naturwissenschaftliche Zusammenhänge spielerisch aufgearbeitet und analysiert. Mit Spaß am Ausprobieren und Entdecken werden interessante Phänomene erkundet.

Im dritten Jahr des Projektes werden die Erkenntnisse der beiden vorherigen Jahre gefestigt. Dabei werden die Beobachtungen und Erfahrungen der Kinder genutzt, um

Begeisterung und Lernfreude zu wecken und die Kinder für die Zukunft und ein Leben langes Lernen zu motivieren.

Kontinuierlich werden die Aktivitäten des 3-Jahres-Plans weiterentwickelt und um ergänzende Maßnahmen erweitert. Zu diesen Maßnahmen gehört das Erlernen von Kampfkünsten im Rahmen einer generationenübergreifenden Initiative — geleitet von der Erkenntnis, dass die Systematik von Kampfkunst-Techniken Körper, Seele und Geist gleichermaßen schult, einmündend in eine Harmonie des Einzelnen mit sich selbst. Dadurch wird die Kampfkunst sogar zu einem überzeugenden Mittel der Gewaltprävention und zu einem Mittel des Ausgleichs in gewaltbereiten Konfliktsituationen. Zu diesen Maßnahmen gehört auch konsequent systematisiertes Natur-Erleben in speziellen Natur-Camps, in denen mithilfe waldpädagogischer Maßnahmen die Selbsterkenntnis durch ein Leben mit und in der Natur gefördert wird. Vor allem wird die Natur bei Maßnahmen dieser Art auch zum sozialen Raum, in dem das Angewiesensein auf andere erlebbar gemacht wird, das Selbsterkennen insofern auch das Soziale und die Bewährung im Sozialen mit abbildet, Sisyphos und dessen Aufgabe am Fels in den Wald transformierend.

Die Realisierung von ALISA braucht neben Engagement und gutem Willen seiner Protagonisten nicht zuletzt Geld. Das stellt die Stifterin bereit, die ihren eigenen Reichtum nicht als Selbstverständlichkeit, sondern als Charisma begreift. Es ist die Arbeit vieler Menschen in ihren eigenen Unternehmen, die Ilse Lang dieses Charismas, dieses Vermögens teilhaftig werden lassen. Dieses Charisma teilt sie deswegen ihrerseits wiederum mit anderen, sich der Tatsache immer wieder neu vergewissernd, dass Geben seliger ist denn Nehmen. Aber die Stifterin schenkt nicht nur, sie wird auch beschenkt — von glücklichen Kindern in der von ihr ermöglichten Gemeinschaft. Die materiell geprägte Werthaftigkeit des Geldes gewinnt durch den klar definierten Stiftungszweck eine spirituelle Dimension im Sinne einer umgreifenden Menschlichkeit mit einer elementaren Erdung im Alltag des gemeinschaftlichen Felsblockerlebnisses. Es sind die kleinen Dinge, die alltäglichen Selbstverständlichkeiten eines zugewandten, empathischen Umgangs miteinander, die ALISA zu einer Einrichtung der besonderen Art machen, sich abhebend von allem, was es sonst an vergleichbaren Einrichtungen nicht nur in Worms gibt. Die ALISA-Pädagogik gründet auf der charismatisch inspirierten Mittelverwendung von Geld einerseits und auf den vielen Charismen ihrer pädagogisch inspirierten Repräsentanten andererseits.

Nicht zu vernachlässigen in diesem Zusammenhang das Charisma der Stifterin selbst. Ilse Langs Herzensbildung setzt vorbildlich Zeichen in einer emotional erkalteten Gesellschaft, deren Profitorientierung Selbstzweck nicht nur des Systems sondern auch seiner Protagonisten geworden ist. Aus dieser Phalanx der Geldgier bricht Ilse Lang aus — auch gegen Widerstände ihrer nächsten sozialen Umgebung. Hier stehe ich, ich kann nicht anders. Das Charisma dieser Überzeugung macht ALISA zu einer besonderen Initiative — zu einer charismatischen Insel in einem Strom sozialer Teilnahmslosigkeit. Damit dieser reißende Strom der Teilnahmslosigkeit verlangsamt werden kann, braucht es viele charismatische Inseln à la ALISA. Und zwar überall in dieser Republik. Initiativen dieser Art müssen eben zu einer res publica werden, damit das inter homines esse seine Tiefendimension, seine Erdung in einem übergreifenden Menschlichen zurückgewinnt.

Dass die Entwicklung dieser charismatischen Werte-Gemeinschaft der besonderen Art nicht von selbst erfolgt, erleben die ALISAner tagtäglich. Die Entwicklung der ALISA-Communio braucht die Stetigkeit der Abstimmung untereinander, Kommunikation im besten Sinne des Wortes also. Denn good communication ist immer die Voraussetzung auch von good corporation und good governance. Und je mehr Charisma sich dabei entfalten kann, umso besser. Der Kommunikation als charismatischer Selbstverwirklichung im vernunftbasierten Handeln wollen wir uns nun zuwenden.

KAPITEL 9

Die Kunst der charismatischen Kommunikation in einer offenen Gesellschaft

Kommunikation — ein auf vielen Ebenen vieldimensional sich gestaltender Prozess des wechselwirkenden Austauschs zwischen Menschen, in dessen Folge etwas Gemeinsames, eine *Communio*, eine Gemeinschaft entsteht. In dieser *Communio* ist jeder Teilhaber an einem Ganzen, am Ganzen der Kommunikation nämlich, an deren Form und Inhalten, zu denen er seinen Beitrag leistet. Verbal und nonverbal, gesprochen und geschrieben, mimisch und gestisch, bewusst und unbewusst. Als Einzelwesen sind wir ein Teil dieser *Communio*. Und von dieser Teilhaberschaft in einer — auf Grund dieser Teilhaberschaft — „offenen" Gesellschaft gilt es, sich ein Bewusstsein zu verschaffen. Zunächst, indem wir uns unseres kommunikativen Vermögens vergewissern. Denn als Einzelwesen können wir uns zum Beispiel mit uns selbst austauschen, mit uns, mit unserem Selbst beratschlagen, wir können so lange kommunizieren, bis wir mit uns in eins sind — als Individuen eine in uns ausbalancierte Einheit durchaus zunächst widerstrebender Kräfte von Gefühlen und Gedanken geschaffen haben. Mit uns selbst kommunizierend stellen wir eine ausgewogene, eine „gesunde" Balance mit uns selbst, mit unserem Selbst her. Wir sind in *communio* mit uns selbst.

Für mein Selbst, für die *communio* mit meinem Selbst, bin ausschließlich ich verantwortlich. Nervus rerum dieser Selbstverantwortung ist ein steter sokratischer Dialog mit mir selbst, mit meinem Selbst. *Sokratisch* nenne ich diesen Dialog als Reminiszenz an den griechischen Philosophen Sokrates, der jede Frage in konsequentem Hinterfragen radikal bis auf deren Grund zurückverfolgte. Diese Radikalität des Fragens ist die Voraussetzung meiner Antworten, für die ich persönlich einstehe, „verantwortlich" bin. Verantwortung ist das Ergebnis eines sich quasi selbst dynamisierenden Dialogs in beständigem Fragen und Antworten mit mir selbst, mit meinem Selbst — und mit anderen. Mit Karl Jaspers zu sprechen: „Denn Existenz wird nur dann sich offenbar und damit wirklich, wenn sie mit der andern Existenz, durch sie und zugleich mit ihr, zu sich selbst kommt."

Auf Kommunikation, auf dem wechselwirkenden Austausch des eigenen Selbst mit sich selbst und mit anderen, gründet unser Charisma in dieser Zeit und in dieser Welt. Denn Kommunikation ist das Definiens unserer so und nicht anders gewordenen Gesellschaft, die durch die potentielle Teilhabe aller an dieser Kommunikation auch als „offene" sinnvoll attribuiert wird. Als Charismatiker bin ich Mitbegründer und Bewahrer dieser offenen Kommunikation, gründe mein eigenes Selbst auf diese Offenheit und trage insofern wesentlich eine kommunikative Verantwortung.

Diese kommunikative Verantwortung wiederum gründet auf der Einsicht in die Unabdingbarkeit der Kommunikation an sich. Denn der Abbruch von Kommunikation birgt immer das Risiko unkontrollierten und unkontrollierbaren Handelns. Kommunikation in diesem Verständnis trägt das Wollen des Vernünftigen in sich. Karl Jaspers ist deswegen zuzustimmen, wenn er sagt: „Vernunft ist eins mit dem uneingeschränkten Kommunikationswillen." Insofern sei die Verneinung der Kommunikation gleichbedeutend einer Verneinung der Vernunft. Vernünftige Kommunikation ist offene Kommunikation, die sich im steten Fragen ihrer Antworten immer wieder neu vergewissert, vergewissern muss, Wahrheit einbindend in kommunizierte und kommunizierbare Wahrnehmungen. Nicht von ungefähr steckt ebenso in „Wahrheit" wie in „Wahrnehmung" der Begriff „wahr". „Wahr" ist, was unter Einbezug des wahrgenommenen Eigenen und des wahrgenommenen Anderen, auch Fremden, fragend und antwortend kommunikativ immer wieder neu erarbeitet, verifiziert oder falsifiziert wird. Auch die Falsifikation beschreibt eine Wahrheit, die nämlich, dass der Kommunikationsprozess zu einem bestimmten Thema neu fundiert und aufgenommen werden muss. Etwa: die individualistische Wahrheit des Sisyphos greift zu kurz. Wir müssen den Mythos unter sozialen Gesichtspunkten neu denken.

Was für Individuen für sich und an und für sich gilt, gilt auch für Individuen untereinander: das kommunikative Streben auf dem Weg zur *Communio* gilt dem Ausgleich von Kräften, der Herstellung eines gesunden Kräftehaushalts.

Das gesunde Maß der Vernunft zu finden, ist die hohe Kunst der Kommunikation — im Großen wie im Kleinen. Und was im Kleinen gilt, gilt natürlich ganz besonders im Großen — im Konkreten für eine Gesellschaft, die sich über und durch Kommunikation definiert. „Kommunikationsgesellschaft" — was könnte die Bedeutung von Kommunikation heute präziser verdeutlichen, als dieser Begriff?! In gleichen Maßen Ergebnis und Voraussetzung dieser Kommunikationsgesellschaft ist die — unter anderem von Karl Popper — so bezeichnete offene Gesellschaft. Kommunikation hat Offenheit zur Konsequenz und Offenheit wiederum setzt Kommunikation voraus — und damit charismatische Kräfte der an der Kommunikation Beteiligten frei. Mehr noch: In einer „offenen" Gesellschaft gibt es quasi unbegrenzte Möglichkeiten zur Verlebendigung des Charisma-Faktors. Die offene Gesellschaft ist eine Einladung an jede Frau und an jeden Mann zur Selbstverwirklichung im individuellen Charisma, durch diese unbegrenzte Einladung auch den elementaren Unterschied zur geschlossenen Gesellschaft definierend. Nur in der offenen Gesellschaft gilt das Prinzip des charismatischen Pluralismus. Jeder, der sich berufen fühlt, sein eigener Führer zu sein, kann dieser Berufung folgen, folglich zum „Gefolgen" des eigenen Selbst, des spezifisch eigenen Charisma werden. Eine offene Kommunikationsgesellschaft ist insofern der Ort par excellence charismatischer Begabungen. Denn in der Kommunikationsgesellschaft ist das Individuum der Souverän seiner Interessen, seiner Gefühle, seiner Meinungen, seiner Gedanken. Und charismatischer Erfolg respektive charismatische Selbstverwirklichung definiert sich über deren souveräne Vermittlung.

Schauen wir uns diesen Kommunikationsprozess im Allgemeinen und den charismatischen im Besonderen mit seinen wesentlichen Elementen näher an. Denn er entscheidet über Wirkmacht und Bewährung des Charisma-Faktors. Charisma und dessen Wirkung in und durch Kommunikation sind nämlich zwei Seiten derselben Medaille. Die Verstetigung charismatischer Wirksamkeit ist gleichbedeutend einer Verstetigung des charismatischen Erfolgs, der charismatischen Gefolgschaft in und durch die Art der Kommunikation, aber auch durch deren Inhalte und durch deren Verpackung.

Zunächst: Kommunikation braucht einen Sender und wenigstens einen Empfänger. Der Sender kann auch sein eigener Empfänger sein. Und vice versa. Denn Denken ist eine bestimmte Form der Kommunikation mit sich selbst. Mit Jaspers zu schreiben: „Das Denken ist nur in Kommunikation erfüllbar; die Kommunikation ist nur durch Denken zu entfalten."

Durch Denken, durch Kommunikation mit mir selbst, durch Selbstbegegnung im Gespräch, finde ich zu mir selbst, zu meinem Selbst. Meine Identität im Selbst gefunden zu haben, mich in mir selbst und mit mir selbst identifiziert zu haben, ist die Voraussetzung, charismatisch und damit erfolgreich mit anderen kommunizieren zu können, bei anderen essentiell gehört zu werden, Gehör zu finden, andere für mich, für mein Selbst einzunehmen. In der Begegnung mit anderen sind dabei Interessen, Gefühle, Meinungen,

Wahrnehmungen und Gedanken als solche im Kommunikationsprozess genauso bedeutend wie die Art, wie diese verpackt und vermittelt werden. Botschaften, die wir aussenden, sind Signale, die auf andere wirken.

In der offenen Gesellschaft selektiert, analysiert, bewertet, verwertet und vermittelt die selbstbestimmte Kommunikationspersönlichkeit ihre Inhalte der konkreten Situation gemäß — entweder als Sender oder aber als Empfänger. Wesentlich: mit der Wirksamkeit des Charisma-Faktors in der speziellen Kommunikations-Situation korreliert eine „Verheißung" der Veränderung einer bestehenden Situation. Genau diese Verheißung nämlich unterscheidet den charismatischen Kommunikationsprozess zwischen Sender und Empfänger von der Alltags-Kommunikation. Die spezifisch charismatische Botschaft umfasst immer auch die Verheißung eines Heils von Seiten des Senders und weckt entsprechende Erwartungen seitens der Empfänger. Nur die Erfüllung dieser Erwartungen vermag bei Empfängern Vertrauenspotentiale zu mobilisieren und genau die sind wiederum Voraussetzung und Basis zur Institutionalisierung dauerhafter Kontakte und Beziehungen beziehungsweise einer dauerhaften charismatischen Gefolgschaft. Das Charisma bewährt sich in der Erfüllung von Empfänger-Erwartungen, abhängig freilich vom jeweiligen psychosozialen Kontext.

Der Diskurs bei der Suche nach Wahrheit und Gerechtigkeit, beziehungsweise die Befähigung zum Diskurs in diesen essentiellen Fragen des menschlichen Miteinander ist die Voraussetzung charismatischer Erfolge speziell in einer offenen Gesellschaft. Vernunft gründet in einer offenen Gesellschaft auf Kommunikation und Kommunikation auf Vernunft. Und das ad infinitum. Vernunft fordert unabdingbar die Fortsetzung von Kommunikation. Und das Charisma bewährt sich als Motivator von Kommunikation. Denn die Abwesenheit von Gerechtigkeit und das Ausbleiben der Wahrheitssuche wird als Not erlebt und setzt charismatische Vernunft-Kräfte der Notwendenden frei. Ganz anders dagegen in einer geschlossenen Gesellschaft, in der die Kommunikation per definitionem durch finale Antworten selbst ernannter, herbei geredeter oder angenommener Heilande zu einem Abschluss gelangt. Der Charisma-Faktor wirkt in diesen Gesellschaftsformen irrational, mehr noch: anti-rational. Dauerhafte Kommunikation: unerwünscht. Die Unvernunft siegt über den Kommunikationsanspruch, über die Kommunikationserwartung der Vernünftigen.

Aus diesen Zusammenhängen Fehlerquellen beim Miteinander der Menschen herzuleiten, ist naheliegend. Denn Vieles von dem, was schief läuft in Beziehungen, Organisationen, Unternehmen im Besonderen und unserer Gesellschaft im Allgemeinen ist auf die Unfähigkeit der beteiligten Persönlichkeiten zur selbstbestimmten, vernunftorientierten Kommunikation zurückzuführen. In einer Kommunikationsgesellschaft entscheidet freilich nicht selten auch die vernünftige, an der konkreten Situation festgemachte Wahl der rhetorischen Mittel, wie der Einzelne als Kommunikator wahrgenommen wird. Dabei ist das Gesamtbild der Persönlichkeit entscheidend in all seinen Kommunikations-Facetten. Das Stichwort in diesem Zusammenhang heißt „Selbstinszenierung". Und Selbstinszenierung meint dabei nicht, das jeweilige Publikum possenreißerisch absichtlich täuschen zu wollen. Im Gegenteil. Es geht um nichts anderes als um die Nachaußenkehrung unseres „wahren", in der Kommunikation mit uns und mit anderen zu sich gekommenen Selbst. Diese Nachaußenkehrung unserer Persönlichkeit ist letztlich nichts anderes als die Grundlage jedweder wahrhaftiger Kommunikation — auch und speziell der charismatischen. Speziell die ist allerdings nur dann erfolgreich, wenn wir authentisch wirken. Dabei ist die Authentizität vor allem in punkto Vertrauensbildung von ausschlaggebender Bedeutung. Wer Vertrauen aufbauen will, muss authentisch sein. Authentisch und echt ist jedoch nur, wer keine Widersprüche zwischen eigenem Anspruch und wahrnehmbarer Realität zeigt. Genau daran gilt es zu arbeiten. Verbale und non-verbale Fähigkeiten müssen gleichermaßen geschult werden in einem steten kommunikativen Prozess mit sich und mit anderen. Dazu gehören neben der Kenntnis rhetorischer Technik auch das Grundwissen über die Bedeutung der Körpersprache und die Fähigkeit zu deren praktischer Umsetzung. Die Wirkung einer Darstellung, das wahrgenommene Verhalten, geht weit über den inhaltsbezogenen Informationsgehalt hinaus: der Einzelne wird zum Botschafter des eigenen Selbst. Genau dies meint „Charisma" in seiner konkreten Kommunikations-Dimension.

Der Sender respektive Redner ist für die Zeitspanne seines Redens ein Solist, der sich beziehungsweise sein eigenes Selbst inszeniert. Diese Selbstinszenierung ist insofern ein sozialer Akt, als es dem Redner beziehungsweise Präsentator darum zu tun sein muss, sein Publikum abzuholen und für sich und für das, was er sagt, einzunehmen. Essentiell dabei ist das „Wie" in der Vermittlung der Botschaften. Sprache, Sprechverhalten, Mimik und Gestik bedürfen einer Feinabstimmung, die notwendig auf optimale Wirkung zielen muss. Inhaltlich spielen Elemente der Unterhaltung, der Informationsvermittlung und der Meinungsbildung eine gleichgewichtige Rolle. All das lässt sich erlernen — am besten mit professioneller Unterstützung. Die kommunikative Entfaltung des Charisma-Faktors wird zum Ergebnis eines Trainingsprogramms. Vorausgesetzt, die Essenz der Botschaft trägt die Kommunikation.

Wir müssen uns in diesem Zusammenhang Klarheit darüber verschaffen, dass wir uns im „normalen" Leben durchaus selbstbewusst täglich vieler Methoden bedienen, um unser „wahres" Denken und Fühlen vor der Umwelt zu verbergen. Hinzu kommen all jene „Ablagerungen" unserer eigenen Entwicklung, die uns selbst verborgen sind und im Unbewussten verharren, aber Einfluss nehmen auf unser Denken und Fühlen. Tatsache ist, dass wir nicht eine, sondern gleich mehrere Masken tragen. Unser „wahres" Denken und Fühlen zeigen wir bewusst nur selten. Wir kontrollieren uns. Und doch gibt es immer wieder Situationen, in denen uns die Kontrolle „aus der Hand gleitet", das Unbewusste die Herrschaft übernimmt. Unsere Körpersprache verrät uns, sie straft unter Umständen unsere Worte Lügen, weil wir uns unsicher fühlen, uns das Publikum als

Prüfstand unserer Rhetorik in der konkreten Situation Unwohlsein verursacht. Hier hilft nur, sich immer wieder aufs Neue mit dieser Situation zu konfrontieren und durch die Selbsterfahrung Sicherheit zu gewinnen. Vor allem durch die Sprache. Sie ist zweifellos unser wichtigstes Vehikel zum Transport von Botschaften. Die gesprochene Sprache weit mehr noch als die geschriebene. Diese Erkenntnis ist „philosophisches“ Gemeingut seit Sokrates, Platon und Aristoteles. Dabei ist auch das geschriebene Wort immer kontextbezogen und bedarf der (mündlichen) Interpretation vor dem Hintergrund sich wandelnder Wirklichkeiten: *Es steht geschrieben, ich aber sage euch.*

In der Kommunikation kommt das Charisma zu sich selbst. Denn Essenz jeglichen Charismas ist die eine, die ganz spezifische Fähigkeit, die Fähigkeit zur Kommunikation. Diese charismatische Kommunikation ist nicht zuletzt: Selbstvergewisserung. „Ich kommuniziere, also bin ich“, steht als Leitsatz über dieser ganz spezifischen Art charismatischer Kommunikation. Indem ich mich mit mir selbst und mit anderen auseinandersetze, begegne ich einer wirkmächtigen Art meiner eigenen Wirklichkeit. Ich nehme Einfluss auf diese Wirklichkeit, indem ich charismatisch kommunizierend wirke. Das Spezifikum charismatischer Kommunikation besteht dabei darin, andere, aber auch sich selbst aus einem speziellen Zustand des Geworden-Seins — nicht zuletzt des Unbewussten — zu befreien, einen neuen, besseren Zustand der Wirklichkeit kommunizierend herbeizuführen, worin auch immer diese Verbesserung bestehen mag: Hauptsache, sie wird als solche vom charismatischen

Sender vermittelt und von seinem Empfänger wahrgenommen. Das Bewusstsein, die Wahrnehmung eines so und nicht anders gewordenen Status quo gehört dabei genauso in den charismatischen Prozess wie dessen Identifizierung und Ansprache gegenüber anderen. Die damit verbundene Einsicht in eine wie auch immer geartete Form der Unzufriedenheit, der Not, der Krise, bildet den Rahmen für den Erfolg charismatischen Wirkens. Vor allem in einem spezifisch kommunikativen Sinn ist Charisma Notwendigkeit, Wende einer wahrgenommen Not. Das charismatische Selbst dient dabei als Medium für andere, die mitgenommen werden wollen in diesem Prozess der Wahrnehmung, Bewusstseinsbildung und Veränderung konkreter, tatsächlicher oder manchmal auch nur herbeigeredeter Zustände. Der charismatische Prozess der Kommunikation ist insofern ein Veränderungsprozess, der sozial Ausdruck dadurch gewinnt, dass andere dem charismatischen Selbst auf seinem Weg folgen, zu Empfängern einer charismatischen Botschaft werden. Die Vermittlung dieser Botschaft erfolgt im beschriebenen charismatischen Prozess. Wie aber kommt sie zustande?

In einer geschlossenen Gesellschaft ist die Antwort auf diese Frage in der Regel höchst simpel: Der Charismatiker beansprucht durch „Eingebung“ eines Gottes oder einer irgendwie gearteten höheren Instanz diese Botschaft empfangen zu haben, verbunden mit der Aufgabe, sie als „Prophet“, „Heiland“ oder „Revolutionär“ weitergeben zu müssen. Die Weitergabe der Botschaft wird als metaphysischer Imperativ gedeutet aufgrund der Verbindung des

Charismatikers mit „seinem“ Gott: „Hier stehe ich, ich kann nicht anders.“ Diese „Gesinnung“ gilt absolut, denn ihr Ursprung ist göttlicher Natur. Der damit in Zusammenhang stehende Prozess der Kommunikation zwischen Gott und Mensch muss nicht notwendig ewig halten: „Mein Gott, warum hast du mich verlassen?“, fragt Jesus Christus. Auf einen Gott als Eingeber einer Botschaft beriefen sich auch Martin Luther und — der Gefreite aus Braunau am Inn. Das Wirken des Erstgenannten ist als Reformation nicht nur in die Kirchengeschichte eingegangen, und das endzeitliche Wirken des Zweiten verfolgt uns in seinen Schrecknissen bis in unsere Tage.

Wie nun müssen wir uns das Zustandekommen einer charismatischen Botschaft in einer offenen Gesellschaft vorstellen?

In einer offenen Gesellschaft entwickeln sich Gesinnungen und Botschaften im kommunikativen Austausch von charismatischen Führern und charismatisch Geführten. Die charismatische Gesinnung bildet in diesem wechselwirkenden Prozess das Werte-Fundament der Botschaften. „Gesinnung“ gilt dabei als immer wieder neu zu überprüfendes Ergebnis sinnbestimmten Denkens und Fühlens gegenüber der Welt und ihren Wirklichkeiten und Wirkungen. Die Charismatiker der Weltgeschichte sind ja spezifisch Sinnsucher und Sinnfinder in ihrem jeweiligen Verhältnis zur Welt — sei dieses nun ablehnend oder bejahend. Aus der jeweiligen Haltung entwickelt sich sinnhaftes Denken und Handeln in einem Prozess charismatischer Kommunikation von Sendern und Empfängern

— im stetigen Hin und Her von Fragen und Antworten, letztlich endend in einer charismatischen Gemeinschaft von Führer und Geführten. In dieser Gemeinschaft ist die Gesinnung gleichbedeutend einer allgemeinen Einstellung gegenüber den Wirklichkeiten der Welt und die Botschaft der je akute Ausdruck dieser Gesinnung in einer konkreten Wirklichkeit. Weder Gesinnung noch Botschaften sind in einer offenen Gesellschaft Ergebnisse von wie auch immer gearteten und wodurch auch immer verursachten Eingebungen, sondern Resultate charismatischer Kommunikation im Hier und Jetzt. Kein Missverständnis: Auch diese Art Gesinnung führt zu den gleichen Reaktionen, Denk- und Handlungsmustern wie jene, die Folge eingegebener Gesinnungen oder Botschaften sind.

Und es kommt ein Weiteres hinzu: Der charismatisch Qualifizierte ist immer auch und quasi selbstverständlich ein persönlich Verantwortender. Die charismatische Logik in diesem Zusammenhang ist höchst simpel: Aus Gesinnung ergeben sich Botschaften, für die Botschaften und das daran geknüpftes Heil übernimmt der charismatische Sender Verantwortung. *Es steht geschrieben, ich aber sage euch.* Ich aber sage euch, wie die Welt und die Menschen in ihr geheilt werden können. Wenn ich mich irre oder scheitere, laufe ich Gefahr, im tatsächlichen oder aber im übertragenen Sinn ans Kreuz genagelt zu werden. Dieses Risiko ist meinem Charisma-Faktor immanent. Ich bin mir dessen bewusst. Hier stehe ich, ich kann nicht anders. So oder so ähnlich lautet die verbindliche charismatische Botschaft über alle Zeiten hinweg. Und dieser Botschaft des charismatischen Führers schließen sich die Geführten an: Hier stehen wir, wir können nicht anders. Wir wälzen den Felsblock gemeinsam den Berg hinauf. Wir haben erkannt, dass das Glück des Sisyphos nur im „Wir“ erlebt werden kann.

Dass im charismatischen Prozess zwischen Führer und Geführten aus dem „Ich“ ein „Wir“ werden kann, ist das Ergebnis der geheimnisvollen Wirkmächtigkeit des Charisma-Faktors. Dieses „Geheimnis“ jedoch lässt sich enträtseln und als „Empathie“ beschreiben. In diesem besonderen Prozess charismatischer Kommunikation geht es um das Einfühlen in die besonderen Befindlichkeiten der Teilhaber an diesem Prozess, es geht um „Gedankenlesen“, um das Auffangen von Stimmungen und letztlich um das Verarbeiten des Empfangenen in einer Gesinnung im Allgemeinen und einer Botschaft im Besonderen. Im Fünften Buch von „Die fröhliche Wissenschaft“ schreibt Friedrich Nietzsche: „Zum Religionsstifter gehört psychologische Unfehlbarkeit im Wissen um eine bestimmte Durchschnittsart von Seelen, die sich noch nicht als zusammengehörig *erkannt* haben. Er ist es, der sie zusammenbringt; die Gründung einer Religion wird insofern immer zu einem langen Erkennungs-Feste.“ Was wäre dieser „fröhlichen“ Einsicht Friedrich Nietzsches hinzuzufügen? Eine Bemerkung vielleicht Rudolf Steiners aus seiner Autobiographie „Mein Lebensgang“. Dort beschreibt er die Wechselwirkung zwischen sich und „seinen“ Anthroposophen in beispielhafter Art und Weise: „Ich höre auf die Schwingungen im Seelenleben der Mitgliedschaft, und in meinem lebendigen Drinnenleben in dem, was ich höre, entsteht die Haltung der Vorträge." Und weiter: „Eine Gesellschaft wie die anthroposophische konnte nicht anders, als aus den Seelenbedürfnissen ihrer Mitglieder heraus gestaltet werden."

Nicht mehr ein Gott oder eine andere wie auch immer geartete metaphysische Bezugsgröße wird zum Initiator spezifischer charismatischer Gesinnungen und Botschaften, es ist die Wirkmächtigkeit der charismatischen Kommunikation selbst, deren allmähliche Evolution zwischen Führer und Geführten zur Erlösung vom Übel, zur Heilung von Krankheit, zum Umsturz des Bestehenden, zur Neuorientierung des Lebens führt. Schnauze voll von dem was ist, vorwärts auf Start für den Neubeginn. Für diesen Neubeginn müssen wir in der Lage sein, uns selbst und andere zu überzeugen. Wir brauchen charismatische Tugenden, die dieses Attribut auch verdienen. Dieser Thematik wollen wir uns nun zuwenden.

KAPITEL 10

Charismatische Tugenden

Das innere Gespräch, die Begegnung mit meinem Selbst, ist gleichbedeutend einem Herantasten an den essentiellen Mittelpunkt meines Menschseins, an jenes eigene Kraftzentrum, das die ganz großen Gefühle birgt oder verbirgt. Uns dieser großen Gefühle zu vergewissern, sie lebbar zu machen, immer wieder neu zu entdecken in ihrem Wandel im Gang unserer Jahre, sie während dieser Entwicklung zu hegen und zu pflegen, unsere spezifisch eigene Gefühlskultur zu entfalten, ist eine lebenslange Aufgabe unseres kommunikativen Vermögens auf der Suche nach unseren Potentialen und Möglichkeiten. Ergebnis dieser steten Sich-selbst-Vergewisserung sind einerseits die Gewissheit der Möglichkeiten unseres Selbst auf seinem spezifisch eigenen Weg zur charismatischen Selbstverwirklichung, zur Schaffung spezifisch eigener charismatischer Wirklichkeiten, andererseits die Erfahrung von etwas Begrenzendem, absolute Grenzen Aufzeigendem — nach dem Motto: Bis hierhin und nicht weiter. Verbunden mit dieser absoluten Grenze ist die notwendige Fähigkeit zur Selbstkritik, die uns im Extremfall zur Umkehr zwingt, lässliche Sünden wie Selbstherrlichkeit oder Selbstverliebtheit ironisiert und deren Auswüchse mit Stumpf und Stiel und radikal ausreißt. Selbstvergewisserung blickt nicht nur in Tiefen, sondern auch in Abgründe der eigenen Seele, begrenzt und eingehegt vom Gewissen, das als Tugendwächter vor den Pforten unseres Handelns steht. Das Wissen um das, was wir nicht tun dürfen, was wir stattdessen tun sollen und was wir tun müssen, unser Gewissen also, hält uns auf der uns unverwechselbar eigenen Lebensbahn, die nur wir ziehen können.

Dieses Leben wird uns geschenkt, es fällt uns zu, es ist uns eigen. Und indem es uns eigen ist, liegt es an uns und nur an uns, seine Möglichkeiten zu entfalten und auszuschöpfen: Klug, besonnen, tapfer, gerecht — jenen vier Tugenden folgend, die uns Sokrates als kardinaler Begründer einer abendländischen Ethik vererbt hat. Fragen wir gemeinsam nach den charismatischen Implikationen dieser Ethik, fragen wir nach deren Verlebendigern, fragen wir nach möglichen Vorbildern in dieser Zeit, in dieser Welt, in unserem eigenen Leben. Wer könnte uns als Vorbild im Sinne dieser Tugenden dienen? Mahatma Gandhi, Albert Schweitzer, Nelson Mandela, Che Guevara, Mutter Teresa, Muhammed Ali, Barack Obama, Wladimir Putin, Angela Merkel? Die Liste lässt sich beliebig verlängern. Und dem Adverb eignet bereits das Spezifikum dieser Aufzählung — ihre Beliebigkeit nämlich. Einem Kramladen nicht unähnlich haben wir „unsere" Vorbilder aufgereiht, für jeden Zweck eines. Fein säuberlich zu Konsumzwecken quasi in

Regalen ausgestellt. Wir wählen unsere Vorbilder von Fall zu Fall, nach Belieben, nach Gusto — als Vorbild zwingend, im Sinne von *unabdingbar* ist letztlich keine dieser Persönlichkeiten. Jeder stand oder steht „irgendwie" in der Öffentlichkeit, hat eine gewisse Popularität, Verdienste, Ansehen, vorzeigbare Leistungen etc., aber wollen wir sie deswegen als verbindlich verbindendes Vorbild in unserer Gesellschaft gelten lassen? Mehr noch: als universales Vorbild, Zeit und Raum übergreifend, in ihrer gelebten Menschlichkeit oder durch eine andere Qualität über jeden Zweifel erhaben? Wann und wodurch wird ein Mensch zum Vorbild? Welche Qualitäten muss er mitbringen? Was macht sie oder ihn außeralltäglich in der herausragenden Art und Weise eines ganz spezifischen Charismas, das sie oder er unserem eigenen Alltag, unserem Denken und Handeln, unserem Fühlen Orientierung geben könnte?

Zunächst: Wir alle, die wir Eltern sind, haben nolens volens eine Mission als Vorbilder unserer eigenen Kinder. Die nämlich können noch nicht wählen und haben keine Entscheidungsfreiheit hinsichtlich der ihnen von Natur quasi „vorgesetzten" Vorbilder. Und dabei gilt: Dem mächtigen Vorbild auf der einen Seite steht immer ein ohnmächtiges Pendant auf der anderen Seite gegenüber. Das Ungleichgewicht dieser „vorbildlichen" Machtkonstellation prägt unser Leben — unabdingbar. Mal Hand aufs Herz: Wer hat sich, befasst mit der Erzeugung von Kindern, als künftige Mutter oder künftiger Vater tatsächlich ernsthaft Gedanken um die Mission der Elternschaft und damit der wichtigsten

Vorbildfunktion im Leben eines werdenden Menschen überhaupt gemacht? Die Komplexität dieser Herausforderung war und ist durch nichts zu übertreffen. Dabei wird speziell in der heutigen Zeit die Erziehung von Kindern quasi zum „Job", der von überforderten Müttern und Vätern nebenbei erledigt wird, erledigt werden muss, weil sie vom Geldverdienen-Müssen aufgefressen werden. Zeit für das Kind, Empathie und Liebe — Fehlanzeige. Wollen wir aber nicht Gefahr laufen, Kinder einer seelischen Verkrüppelung preiszugeben, brauchen sie genau dies: Liebe nämlich, Zuwendung und Fürsorge, speziell in den ersten Lebensjahren. Denn von Bedingungslosigkeit vonseiten der Kinder ist die Beziehung zu ihren Eltern geprägt. Die Bedingungen werden von den Eltern definiert. Leider allzu oft zum Schaden der Kinder, deren „Abrichtung" viel zu früh beginnt, begleitet von einer zwangsläufigen Unterdrückung der Selbstentfaltung und der Kreativität im Spiel. Dabei gilt: Abrichtung in diesem Sinn erfolgt nicht klassenspezifisch, sie gilt übergreifend.

Nicht von ungefähr stehen zu Beginn der modernen Auseinandersetzung mit Fragen dieser Art zwei auf den ersten Blick sehr unterschiedliche, auf den zweiten Blick aber ergänzende Entwürfe der Pädagogik — dem Pestalozzis nämlich, der die, wie wir heute sagen würden, soziale Durchlässigkeit von unten nach oben durch Erziehung gewährleistet wissen wollte, und dem Rousseaus, der sich in seinem *Emile* die Frage gestellt hatte, ob ein reich geborener Mensch auch ein guter Mensch werden kann. Auch bei den sogenannten „Reichen" findet eine hinterfragenswürdige

Prägung speziell in der Eltern-Kind-Bindung statt — allerdings gibt es dazu keine einschlägigen Untersuchungen bzw. Studien. Die Welt der „Eliten" erweist sich als hermetischer, jeglicher Untersuchung unzugänglicher Bunker. Spekulationen dominieren die einschlägigen Abhandlungen. Allerdings gilt dies auch für die Frage nach den Ausnahmen, die die Regel bestätigen: Wie kommt es, dass es Menschen von „ganz unten" nach „ganz oben" schaffen? Der sogenannte „Resilienz-Faktor", nach dem unter anderem in den menschlichen Genen seit geraumer Zeit geforscht wird, hat diesbezüglich noch nicht für wirklich tragfähige Erkenntnisse gesorgt. Gesichert und durch Beispiele belegt ist nur, dass es die Resilienz, definiert als eine gelingende Entwicklung trotz hoher Risiken, gibt. Wie auch immer: die Möglichkeit eines Kindes zu lieben, glücklich zu sein, seine Vernunft zu gebrauchen, aber auch spezifischere Möglichkeiten wie etwa die Entwicklung künstlerischer Gaben setzen — in der Regel — günstige Entwicklungsbedingungen voraus, können aber schon im Keim erstickt werden, wenn diese Bedingungen fehlen. Erziehung ist insofern identisch mit der vieldimensionalen Hilfe, die einem Kind zuteil wird, damit es seine Möglichkeiten verwirklichen kann. Und genau hier gilt: Je schwieriger die wirtschaftlichen und sozialen Voraussetzungen des kindlichen Umfeldes sind, desto weniger wahrscheinlich ist die Entwicklung der spezifischen Potentiale des heranwachsenden Menschen. Und ganz fraglos gehören zu diesen Potentialen auch Tugenden und damit die Antwort auf die Frage: Was soll ich tun? Auch bei der Beantwortung dieser Frage ist das Kind in frühen

Entwicklungsphasen ausschließlich von seinen Eltern abhängig, von deren Ideen, Gefühlen, deren Lebensäußerungen, deren Tugenden, welcher Art diese auch immer sein mögen: Bindung, Bindungsfähigkeit und –qualität erweisen sich als Primärbedürfnisse. Denn das Kind ist notwendig unfähig, die Autorität seiner Eltern anzuzweifeln. Ein kritisches Bewusstsein kann erst entwickelt werden, sobald sich der Mensch von den Eltern emanzipiert und das eigene Selbst entdeckt. Die kritischen Fähigkeiten eines Menschen und damit die Möglichkeit zur Freiheit, den eigenen Willen, das eigene Selbst zu leben, sein Charisma zu entdecken, nehmen in dem Maße zu, indem er sich von der elterlichen Autorität freimacht und „erwachsen" wird, in sein ihm spezifisch eigenes Charisma hineinwächst. Pestalozzis und Rousseaus Überlegungen im Zusammenhang mit den damit verbundenen Fragen haben von ihrer Aktualität absolut nichts eingebüßt. Die fortschreitende Komplexität unserer zivilisierten Gesellschaft macht exakt beider Fragen zu dem essentiellen Thema unserer Zukunft überhaupt. Denn nichts Geringeres steht auf dem Prüfstand als die Art und Weise unseres Lebens in dieser von uns so und nicht anders gewollten oder von uns zumindest nicht verhinderten bzw. so zugelassenen Welt. Wo sind die Vorbilder verlebendigter charismatischer Tugend, die uns aus der phlegmatischen Lethargie des Gelebt-Werdens, des passiven Lebens, aus unserer Comic-Welt befreien? Oder aber sind wir mit der Komfortzone dieser uns umschlingenden Konsumwelt so sehr einverstanden, dass wir gar nicht das Bedürfnis nach der Befreiung unseres eigenen Selbst haben? Es scheint, als habe sich die Mitte der Gesellschaft selbstzufrieden in ihrem Wohlstand eingerichtet, assistiert von den Gruppierungen und deren Repräsentanten an den Rändern der Gesellschaft, die dank Sozialstaat ihrerseits ermattet sind und keine Kraft mehr aufbringen können, um sich aus ihren als schicksalhaft empfundenen Lebensumständen zu befreien. Die Befreiung des Selbst aus dem Gegebenen, dem Vorgefundenen ist eine Aufgabe, der wir Menschen uns immer zu stellen haben. Am Ende eines solchen Prozesses winkt eine Freiheit zu etwas Neuem, eine Freiheit zu uns selbst. *Es steht geschrieben, ich aber sage euch...*

Befreiung von und *Freiheit* zu sind Maximen der Philosophie, die uns inhaltlich seit vielen tausend Jahren, den Begriffen nach aber erst in der Moderne begleiten. Aber seit vielen tausend Jahren wissen wir, dass es zur Realisierung genau dieser Maximen Tugenden braucht, deren Fundamente in der Erziehung und Entwicklung von uns Menschen gelegt werden und die Vorbilder brauchen. Und genau mit denen tun wir uns schwer. Ob wir dies wahrhaben wollen oder nicht: Osama Bin Laden zum Beispiel war ein solches Vorbild. Zweifellos nicht für uns, aber für viele Menschen bei Al-Qaida und deren Umfeld. Dieser Terrorfürst verdeutlicht die kulturelle Abhängigkeit jeglichen Charismas, dessen Bindung an einen speziellen Kulturkreis, und geht insofern einher mit einer Absage an jedwede Allgemeingültigkeit. Universale Vorbilder? Fehlanzeige. Mit Osama Bin Laden grenzen wir in unseren Breiten gleichzeitig Vorbilder jener Art aus, die sich über Terror, Gewalt- und Machtmissbrauch definieren. Diese Ausgrenzung dürfte selbsterklärend sein

— auch im Blick auf bestimmte Randgruppen in unserer Gesellschaft, die wir zumindest in der bürgerlichen Mitte nicht als Vorbilder willkommen heißen können. Aber kein Missverständnis: Das heißt nicht, dass ein rechtsextremer Aktivist zum Beispiel keine Vorbildfunktion hätte. Im Gegenteil. Für viele ist seine machtvolle Wirkung quasi eine Art von Aphrodisiakum.

Mit diesen Beispielen sind wir mittendrin in einem essentiellen Diskurs darüber, auf welchem Fundament „unsere" charismatischen Vorbilder stehen, stehen müssen. Im Zusammenhang solcher Fragen lohnt es immer wieder, in Max Webers Schrifttum zu blättern, weil dieser Großmeister der Soziologie, Nationalökonomie und Philosophie bereits vor rund einem Jahrhundert die Grundproblematik auf den Punkt gebracht hat. In seinem zu Recht berühmten Vortrag „Der Beruf zur Wissenschaft" fragt er zum Beispiel: „Welcher Mensch wird sich vermessen, die Ethik der Bergpredigt ... widerlegen zu wollen? Und doch ist klar: Es ist ... eine Ethik der Würdelosigkeit, die hier gepredigt wird: Man hat zu wählen zwischen der religiösen Würde, die diese Ethik bringt, und der Manneswürde, die etwas ganz anderes predigt: ‚Widerstehe dem Übel, — sonst bist du für seine Übergewalt mitverantwortlich'."

Vor exakt diesem Dilemma stehen wir in abendländischen christlichen Tradition erzogenen Menschen quasi in jedem wesentlichen Augenblick unseres Lebens. Wir müssen uns entscheiden und Verantwortung übernehmen auf Basis einer *Gesinnung*, deren Fundamente durch unsere Erziehung in einem christlichen Umfeld geliefert werden.

Wie aber genau damit umgehen vor dem Hintergrund eines Wertepluralismus, der unsere offene Gesellschaft charakterisiert?

Zunächst: Hinter dieser Fragestellung scheint ein Thema durch, das uns durch die Geschichte der Menschheit begleitet und das je nach — provokant formuliert — sozioökonomischen Rahmenbedingungen immer wieder neu gewichtet wird — mit einer allerdings eindeutigen Gewichtung in dieser Welt und in dieser Zeit, die wir gemeinhin als „modern" zu apostrophieren uns angewöhnt haben. Das Thema lautet: Wie ist das Verhältnis des Einzelnen zu den Vielen — und vice versa der Gemeinschaft zum Individuum? Banal formuliert: Ist das Individuum wichtiger als die Gemeinschaft oder die Gemeinschaft wichtiger als das Individuum? Ganz klar: Wir haben das Individuum auf den Schild gehoben, nicht zuletzt aufgrund leidvoller Erfahrung deutscher Geschichte. Camus' Sisyphos ist nicht von ungefähr ein individualistischer Glücksempfinder. Hitlers „Volksgemeinschaft" hat ihre endzeitlichen Spuren hinterlassen. Aber selbstverständlich gibt es im Hier und Jetzt auch andere Sichten auf die Welt und den Menschen in ihr — namentlich zum Beispiel im Islam, der die *umma*, die ideale Gesellschaft, zum Ideal seiner Sozialphilosophie erhoben hat.

Was heißt das?

Wir brauchen als Einzelne Mut, essentielle Fragen zu unserer menschlichen Existenz zu stellen und den Konflikt mit den herrschenden Überzeugungen zu wagen. Auch wenn wir dabei scheitern wie etwa Nietzsches Zarathustra.

Die Wirklichkeiten des Menschlichen, die Gesamtheit möglicher menschlicher Wirkungen auch in dieser Welt sind noch nicht ausgereizt — weder im Positiven noch im Negativen. Am Feuer der globalen Ökonomie zum Beispiel können wir uns wärmen, aber auch kräftig die Finger verbrennen. Und nicht nur diese. Nicht von ungefähr sind Klimawandel, Erderwärmung und die Grenzen des Wachstums gebetsmühlenartig Themen, die uns eigentlich die Grenzen unserer Komfortzone aufzeigen müssten, die Diskussionen in den Medien jedoch maximal einen Tag beschäftigen, wenn eben mal wieder ein neuester Klimabericht bei irgendeinem Klimagipfel vorgestellt worden ist. Aber wenn wir uns unserer seelischen Mitgift besinnen, wachsen auch unsere Chancen einer sinnvollen Nutzung des wärmenden Effekts des vom Menschen entfachten Feuers nicht nur einer globalisierten Ökonomie, sondern auch das Miteinander im Mikrokosmos unserer familialen und persönlichen Beziehungen.

Das Reich der Notwendigkeit, um mit Karl Marx zu sprechen, bedarf genauso einer diskursiv kritischen Bestandsaufnahme und Analyse wie das *Reich der Freiheit*. Dieser kritische Diskurs braucht Augenmaß, Klugheit, vor allem jedoch Tapferkeit und einen untrüglichen Sinn für soziale Gerechtigkeit. Die großen charismatischen Lehrmeister der Menschheitsgeschichte hatten allesamt die Verwirklichung einer gerechten Gesellschaft im Blick. Der Humus ihrer Lehren? Die je akute Ungerechtigkeit ihrer spezifisch eigenen Zeit, in der sie lebten. Wir ignorieren oder akzeptieren Ungerechtigkeit, halten still, weil wir meinen, das System nicht verändern und damit einer zutiefst empfundenen charismatischen Verpflichtung nicht nachkommen zu können. Aber auch hier gilt: *Es steht geschrieben, ich aber sage euch.* Übersetzt: Verändert das System, damit es in eurer Welt gerecht zugeht. In der Bürgergesellschaft unserer Tage braucht es dafür eine gelebte, in einer spezifischen Zivilcourage zum Ausdruck kommende charismatische Tugend. Der Bürger ist der couragierte Bürge seines Gemeinwesens. Seine Bürgschaft setzt eine Verständigung über deren Substanz voraus. Mehr noch: Die Bereitschaft, zu den Gründen menschlichen Gemeinschaftslebens hinunterzusteigen, die Wurzeln der Vergemeinschaftung freizulegen. Diese Bereitschaft ist die Voraussetzung jeglichen Verstehens. Und jedem Verstehen wiederum geht Respekt und Akzeptanz voraus. Verstehen heißt immer auch respektieren, nicht notwendig aber auch tolerieren oder gar akzeptieren. Wann und wo genau aber sind die Grenzen von Toleranz und Akzeptanz erreicht oder gar überschritten? Unter anderem mit diesen Fragen befassen wir uns in den beiden abschließenden Kapiteln.

KAPITEL 11

Erziehungszweck: Zivilcourage

„Hier stehe ich, ich kann nicht anders, Gott helfe mir, Amen“, soll Martin Luther am 18. April 1521 vor den Vertretern des Reichstags zu Worms am Rhein ausgerufen haben. „Hier stehe ich, ich kann nicht anders“ — lässt sich Zivilcourage überzeugender auf den Punkt bringen als mit diesem Ausruf?

Rufen wir uns ins Gedächtnis: Ausgangspunkt von Luthers Protest waren soziale Missstände. Luther war ja nicht nur ein geistlicher, sondern auch ein weltlicher Revolutionär. Der von Johann Tetzel im großen Stil betriebene Ablasshandel führte zu immensen „sozialen Verwerfungen“, wie wir heute sagen würden. Und verursacht durch diesen Sozialskandal hatte Luther 1517 seine 95 Thesen formuliert, die zu einer der größten gesellschaftlichen Umwälzungen der Neuzeit führten und einen Abgrund von Spekulation und Korruption in Kirche, Politik und Hoffinanz zu überwinden imstande waren. Luther war eben nicht nur ein „einfacher“ Kirchenreformator, er hatte ein ganzes Gesellschaftssystem neu begründet und der „Fuggerei" und damit der Spekulation, der Casino-Mentalität der damaligen Zeit, zwar kein Ende gesetzt, aber doch die Flügel gestutzt. Martin Luther und sein Auftritt vor dem Reichstag zu Worms am Rhein: Ein Symbol und eine Personifizierung von Zivilcourage par excellence. Eng korreliert ist der Begriff mit Verantwortung und Verantwortungsethik und damit auch mit der Frage nach der persönlichen Verantwortung, die wir alle als Mitglieder dieser Gesellschaft und als Bürger dieses Staates haben. Zivilcourage ist insofern nichts anderes als praktisch gelebte Verantwortungsethik. Dabei hat unsere erkenntnisleitende Frage nach *Zivilcourage* höchst verschiedene, unterschiedliche Aspekte — von der Einsicht in die Untragbarkeit einer wie auch immer gearteten Situation in Gesellschaft, Politik, Wirtschaft oder öffentlichem Leben, über das eigene Aktivwerden, das persönliche Engagement als Einzelner bis hin zur Suche nach Verbündeten, die bereit sind, ebenfalls Verantwortung zu übernehmen und damit mitzuwirken an einer als notwendig erkannten Veränderung — Sisyphos als zivilcouragierter Sozialrevolutionär, sozusagen. Denn auch eine Veränderung kann gelegentlich relevant sein für ein System, um dieses moderne Wort von der Systemrelevanz einmal umzudeuten. Charismatische Einflussnahme hat insofern im Einzelfall ihrerseits durchaus Systemrelevanz, wenn es um die Auflösung verkrusteter Strukturen oder das Aufhalten fehlerhafter Entwicklungen in Systemen geht. *Ich verstehe, dass etwas schief läuft, habe durchaus Respekt vor den Verursachern der von mir erkannten Misere, kann aber weder deren Ursache, noch deren Auswirkungen tolerieren oder gar akzeptieren. Ich sehe mich deswegen gezwungen, aktiv zu werden, Verantwortung zu übernehmen und zu handeln.*

Am Anfang aller zivilcouragierten Prozesse steht immer — die *persönliche Verantwortung.* Aber kann es in einer globalisierten Welt noch so etwas wie persönliche Verantwortung geben? Oder ist die Globalisierung, wie viele ihrer Kritiker vermuten, ein Dynamo der Anonymisierung von Verantwortung und eine Pervertierung des Menschlichkeits-, mehr noch, des Menschheitsgedankens? Trennt die Globalisierung eher, als dass sie eint? Völker, Gesellschaften und Kulturen? Vor allem aber Arme und Reiche? Was können wir als Einzelne gegebenenfalls tun, um Abhilfe zu schaffen? Wir alle sind doch orientiert an höchst partikularen Interessen, verlieren zunehmend den Menschen an sich und mit ihm auch das große Ganze aus dem Blick.

Dieses Lamento ist nicht neu, es begleitet den „modernen" Menschen im Prinzip seit dem Beginn des Industriezeitalters. Von „Entfremdung" war schon vor Marx die Rede, vom „Verlust der Mitte" (Hans Sedlmayr) oder aber vom „Verlust der Tiefe" (Hellmuth Benesch) vor allem im letzten Jahrhundert. All dies ist uns geläufig, die Situationsbeschreibung unserer Existenz auf diesem Planeten in dieser westlichen Hemisphäre sattsam bekannt. In einer pluralistisch legitimierten Gesellschaft kann es eben kein verbindliches Menschenbild geben, es sei denn, wir deklarieren die Pluralität an sich als Basis eines demokratischen Menschenbildes. Diese Deklaration freilich setzt Diskursfähigkeit voraus. Denn gekoppelt an jedes Menschenbild sind je spezifisch eigene Werte und Werthaltungen, gleichbedeutend einem

Wettbewerb der Werte und Werthaltungen untereinander im Diskurs. Und zweifellos ist der Diskurs eine Grundvoraussetzung, mehr noch: ein definiens demokratischen Zusammenlebens. Aber kann der Zusammenhalt einer Gesellschaft dadurch sichergestellt werden, dass wir Bestehendes immer wieder in Frage stellen und diskutieren? Ist also das Hinterfragen an sich grundlegende Maxime eines demokratischen Gemeinschaftsverständnisses? Kommt es darauf an, wie Sokrates vor 2500 Jahren immer wieder neu die Frage nach dem Warum und die Frage nach dem Sinn zu stellen?

Ohne Frage: Wissenschaft und Philosophie leben von und durch den Diskurs. Durch wissenschaftliches Forschen wird unser Welt- und Menschenbild in quasi absehbaren Zeitläufen immer wieder revolutioniert. Inwieweit und ob sich diese Meta-Ebenen wissenschaftlichen Forschens jedoch in unserem Alltagshandeln auswirken, sei dahingestellt. Im Zusammenhang der uns interessierenden Fragestellung geht es um einen Diskurs anderer Art — um den der geltenden gesellschaftlichen Ordnung. Was wäre, wenn die Geltung dieser gesellschaftlichen Ordnung ausschließlich über den Diskurs definiert werden würde? Hieße das nicht, nicht nur alle vier Jahre Wahlkampf — sondern täglich? Im Prinzip geht es um genau diese Frage und damit um die Existenzfrage des Systems an sich.

Das können wir drehen und wenden, wie auch immer wir wollen, der permanente Diskurs ist jedem demokratischen System immanent. Dagegen hätte jede finale Antwort auf die Frage nach der Existenzweise einer Gesellschaft und nach deren geltenden Ordnung totalitäre Züge — und ist damit dem Gedanken individueller Freiheit diametral. Mehr als dies: Eine wie auch immer geartete, Endgültigkeit für sich beanspruchende Ordnung ist der Tod der Freiheit. Das Wesen des Menschen, sein Charisma zur geistigen Freiheit, wird durch diese „äußeren“ Ordnungsmechanismen gefesselt.

Fraglos: Individuelle Freiheit trägt die Verpflichtung zur Demokratiefähigkeit, zum Diskurs in sich. Und dazu gehört es im Einzelfall auch, gegen herrschende Meinungen zu opponieren: *Es steht geschrieben, ich aber sage euch.* Der Bürger als Bürge seiner Überzeugung und Werte ist hier gefragt, der seine Meinung ernsthaft und nachhaltig im demokratischen Diskurs bildet und willens und in der Lage ist, auch für seine Meinung zu streiten. Jede Demokratie, will sie denn erfolgreich sein, braucht immer auch eine ausgeprägte Streit- bzw. Diskurskultur und liefert damit per se die Basis für die Verwirklichung und die Selbstfindung charismatischer Talente.

Wie können wir uns den streitbaren, den charismatischen Bürgen bestimmter, klar definierter Überzeugungen vorstellen? Damit kommen wir zum nervus rerum: der Zivilcourage. *Sapere aude.* Die Freiheitsmaxime des Aufklärers, *Habe Mut, dich deines eigenen Verstandes zu bedienen,* erklärt den Menschen zu seinem eigenen charismatischen Gesetzgeber. In eben diesem Sinn ist auch der Freiheitsphilosoph Rudolf Steiner als Aufklärer zu verstehen: „Die Natur lässt den Menschen in einem gewissen Stadium seiner Entwickelung aus ihren Fesseln los; die Gesellschaft führt diese

Entwickelung bis zu einem weiteren Punkt; den letzten Schliff kann nur der Mensch sich selbst geben."

Das Sollen, dem der Mensch folgen muss, entsteht aus seinem autonomen Willen und ist damit Ergebnis jenes letzten freiheitlichen Schliffs, den nur der Mensch sich selbst zu geben vermag im steten Ringen mit dem eigenen Selbst und dessen Unbewusstem, repräsentiert vornehmlich im „Es". Sollen und Wollen finden im Individuum letztlich zu einer spezifischen Einheit in dessen Selbst, indem dessen Elemente in einer vernünftigen Kommunikation miteinander ausbalanciert werden. Das aus dem autonomen Willen entwickelte Sollen wird damit freilich zum Kern jedes demokratischen Diskurses beziehungsweise Willensbildungs-Prozesses, ja, der Demokratie an sich. Diese Selbstgesetzgebung des Wollens umfasst auch die verpflichtende Botschaft, Bürge des Gemeinwesens zu sein und für das große Ganze Verantwortung zu übernehmen. Konkretes individuelles Handeln, basierend auf der Maxime eines freien Willens, wird zu einem allgemeingültigen Gesetz der Demokratie. Mit Rudolf Steiner zu schreiben: „Die menschlichen Individuen mit ihren zu ihrem Wesen gehörigen sittlichen Ideen sind die Voraussetzung der sittlichen Weltordnung."

Der Einzelne — *erster Beweger* einer sittlichen Weltordnung? Ein Wettbewerb sittlicher Ideen in der Folge? Ja. Gewiss. Das Ergebnis? Der permanente Diskurs auch in sittlichen Fragen. Orientierung verheißend in diesem Diskurs: Nietzsches *Übermensch*. Und zwar in jenen Dimensionen, wie sie uns das metaphysiklose Spiel Heraklits aufgibt. Was bleibt uns auch anderes übrig, als den Blick auch über die „bloßen“ Dinge und die Welt hinaus zu tun und das große Ganze ins Auge zu fassen? Und dies eben unter Verzicht auf die Beschwörung metaphysischer Autoritäten, statt dessen konzentriert ausschließlich auf ein menschliches Maß, dessen Bemessungsgrundlage in glücklichen Momenten der menschlichen Geschichte immer wieder neu definiert wird durch das Charisma des großen Einzelnen, des *Übermenschen.*

Der ganz große Anspruch freilich relativiert sich quasi mit einem inneren Automatismus im System der Demokratie, das nicht nur auf dem Diskurs, der geschulten Rhetorik, der erlernten Kommunikation und dem Phänomen „Charisma“ basiert — sondern auch auf konkreten Entscheidungen. Die trifft zwar jeder Einzelne für sich innerhalb seiner charismatischen Wirklichkeit, ihre Wirkmächtigkeit jedoch hängt vom Erfolg beim Wettstreit um Mehrheiten ab. Denn dieser Wettstreit prägt den demokratischen Entscheidungsprozess. Am Ende eines jeden Diskurses, am Ende einer jeden Debatte, am Ende eines jeden Wettkampfs gibt es eben eine Entscheidung. Und eben diese Entscheidung ist das Ergebnis eines Aktes demokratischer Willensbildung. Soweit, so gut. Damit dieser demokratische Willensbildungsprozess auf einem breiten, robusten Fundament zu stehen kommt, braucht es den engagierten Bürger, der die res publica zu seiner Sache macht, der sich seiner Verantwortung bewusst ist, sich quasi auch im inneren Diskurs mit sich selbst wappnet. Kurz: Nur der Bürger, der Vertrauen zu sich selbst hat, kann auch couragiert und überzeugt seine Meinung vertreten — und dies eben nicht nur geleitet von eigenen Interessen, sondern im Dienst am großen Ganzen. Dieses große Ganze ist die Zivilgesellschaft moderner Prägung.

Saft und Kraft gibt unserer Gesellschaft die Zivilcourage — der *Bürgermut* also, von civis, der Bürger und Courage, der Mut. Der Mut zum eigenen charismatischen Selbst, zur Grenzerfahrung des eigenen Selbst und zur steten Verschiebung dieser Grenzen innerhalb der Zivilgesellschaft spielt dabei eine gewichtige Rolle. Denn selbstverständlich wünschen wir uns den selbstbewussten und selbstsicheren Bürger dieser Gesellschaft. Allerdings ist ein selbstsicherer, selbstbewusster, mutiger Mensch nicht notwendigerweise auch ein Bürger, geschweige denn ein guter Bürger. Selbstsicherheit, Selbstbewusstsein und Mut können sich ebenso gut im Antibürgerlichen entwickeln, konkrete Beispiele dieser Art gibt es viele. Diese ganz bestimmte Tapferkeit des Menschen müssen wir also in die bürgerliche Mitte zurückholen, damit wir sinnvoll über Zivilcourage sprechen können. Und mehr als dies: Damit das System jene Resilienz-Effekte entwickelt, die es zum Überleben braucht.

Charisma in der Zivilgesellschaft

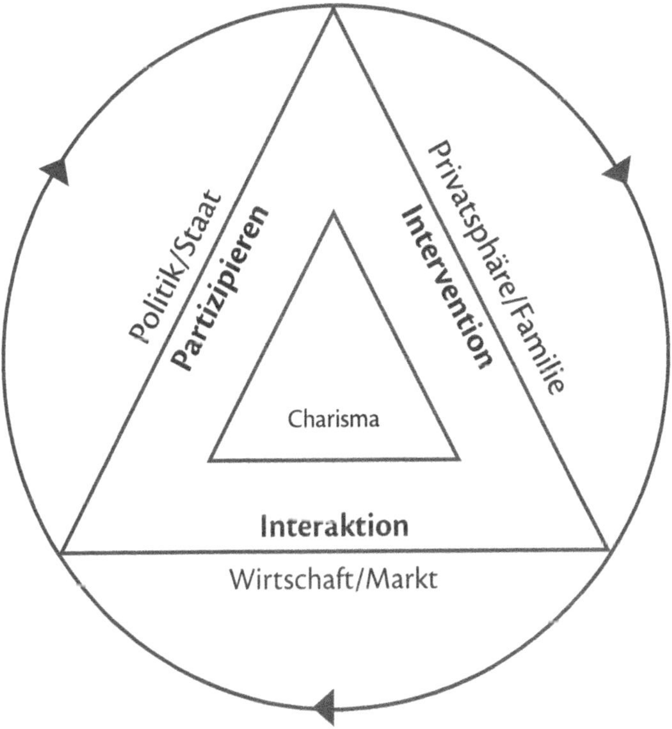

Wie aber muss das Bürgerliche beschaffen sein, damit sich Selbstsicherheit, Selbstbewusstsein und Mut mit ihm verbinden und verbünden? Der Bürger, das Bürgertum, das Bürgerliche hat im Lauf der Zeit einen Bedeutungswandel erfahren, den historisch aufzuarbeiten hier keinen Sinn ergibt. Spannend in diesem Zusammenhang freilich ist die seit rund einer Dekade aus unterschiedlichen Perspektiven gespeiste Diskussion über die „neue Bürgerlichkeit", die letztlich — eine ganz alte ist, indem sie nämlich auf die berühmte Definition von Aristoteles zurückgreift, der den Bürger als denjenigen beschreibt, „der zur Stadt gehört" — aktiv Teil hat also an der Politik, sich einmischt und sich für die Belange seiner Stadt respektive seines Staatswesens interessiert und engagiert.

Die demokratisch verfasste Gesellschaft bietet dafür beste Voraussetzungen. Die Bürgergesellschaft nämlich ist wesentlich gekennzeichnet durch drei Merkmale: Erstens durch Meinungsfreiheit, zweitens durch Versammlungsfreiheit und last not least durch die Freiheit, eine Vereinigung zu gründen. Jeder Bürger hat das Recht, seine Meinung frei bilden und äußern zu dürfen, er hat das Recht, sich mit anderen zu versammeln und sich mit anderen zu einer Vereinigung zusammenschließen zu dürfen, gleichbedeutend einer Operationalisierung des Phänomens „Charisma" quasi. Wie wichtig diese Freiheiten sind, zeigt uns jederzeit ein Blick jenseits unserer Landesgrenzen auf die nicht demokratisch verfassten Gesellschaften dieser Erde.

Aber auch die Bürgergesellschaft hat ihre Grenzen. Immanente Begrenzungen erfährt unsere demokratisch verfasste

Bürgergesellschaft wesentlich durch Familie und die Privatsphäre, durch staatliche und politische Institutionen und last not least durch die Wirtschaft, deren Unternehmen und Märkte. Innerhalb dieser Begrenzungen ist die Zivilgesellschaft gekennzeichnet von Freiheit und individuellen Menschenrechten ihrer Bürger. Alles, was sich außerhalb dieser Zivilgesellschaft bewegt, unterliegt anderen Kriterien unterschiedlicher Art, basierend freilich ebenfalls auf rechtsstaatlichen Prinzipien.

Werfen wir einen Blick auf die Sphären jenseits der Begrenzungen und unsere jeweilige Beziehung zu ihnen. Gegenüber der Privatsphäre und der Familie gilt das Prinzip Intervention, gegenüber Wirtschaft und Markt das der Interaktion und gegenüber Politik und Staat das der Partizipation.

Fraglos: In einem Wirtschaftsunternehmen kann es im zivilgesellschaftlichen Sinn des Wortes keine Freiheit geben. Ein jedes Wirtschaftsunternehmen ist, ob wir das wollen oder nicht, eine Art „Diktatur", rechtlich durch einschlägige Regularien und Gesetze legalisiert und legitimiert. Mit dem Durchschreiten eines Werkstors gibt ein Erwerbsarbeiter ein ihm zustehendes Grundrecht, das der Freiheit, freiwillig auf. Unter anderem deswegen haben wir es in der Wirtschaft mit einer hermetischen Entscheidungshierarchie von oben nach unten zu tun — trotz aller Team-Gedanken und -Praktiken auf der operativen Ebene und trotz Gewerkschaften und Betriebsrat. Letztlich kann es in einem Unternehmen nur einen Entscheider, beziehungsweise eine Organschaft von Entscheidern, geben, denn der respektive die sind auch rechtlich verantwortlich. Soweit, so akzeptabel. In diesem Reich der Notwendigkeit jedoch ist Geld der höchste Wert, Maximierung der Gewinne um jeden Preis mit einem immer weiteren Auseinanderdriften unserer Gesellschaft dessen Folge. Das Ergebnis: die Unterordnung von Gesellschaft und Leben unter geldwerte Rationalitäts-Gesichtspunkte, unter die Werte einer kalten Logik des Geldes, weit umfassender noch, als Luther sie vorgefunden hatte. Diese Werte und deren Bewahrung und Förderung gehen einher mit der Psycho-Logik der Bürgergesellschaft unserer Tage, denen die Primärtugenden, allen voran der Gerechtigkeitssinn, Sand im Getriebe der geldgetriebenen Maschine ist, und die ihren Bürgern deswegen Sekundärtugenden verordnet hat: Fleiß, Treue, Gehorsam, Disziplin, Pflichtbewusstsein, Pünktlichkeit, Zuverlässigkeit, Ordnungsliebe, Höflichkeit, Sauberkeit. An diesen Sekundärtugenden ausgerichtete Bürger eines Staates, Mitglieder einer Gesellschaft, Arbeitnehmer eines Wirtschaftsunternehmens hat jeder gern, der die Funktionsfähigkeit einer Organisation über alles stellt. Hitler fand sie genau so gut wie heute die Herren etwa in Nordkorea. Freilich: Kann auf Basis solcher Sekundärtugenden so etwas wie *Zivilcourage* entstehen?

Komplex sind die Beziehungen der Repräsentanten der Zivilgesellschaft, der Bürger also, gegenüber allen Bereichen außerhalb zivilgesellschaftlicher Begrenzungen. Am schwierigsten, weil komplexesten ist die Beziehung jedoch gegenüber Familie und Privatsphäre. Dieser Bereich ist zum einen der größte, der psychologisch aber auch bedeutendste. Gegenüber diesem Bereich kann es keine Partizipation geben, begrenzt Interaktion, vornehmlich jedoch Intervention — dann nämlich, wenn die Bürgergesellschaft aktiv werden muss. Wir haben keinerlei Rechte, in die Privatsphäre, in das familiäre Umfeld anderer Menschen einzudringen — es sei denn etwas Schlimmes passiert, was eine Intervention erforderlich macht. Etwa: Der Mann prügelt seine Frau oder seine Kinder. Akte brachialer Gewalt erfordern unser Eingreifen. Als Beispiel zivilcouragierter Vorbildlichkeit steht diesem Zusammenhang der Münchener Dominik Brunner, dessen Charisma durch sein mutiges Eingreifen im September 2009 in einer Situation fast schon alltäglich gewordener Gewalt in unseren Bahnhöfen und auf öffentlichen Plätzen auf tragische Art *post mortem* einer breiten Öffentlichkeit offenbar geworden war, ganz unabhängig von den letztlichen Umständen seines Sterbens. Hier hat einer aus einer inneren Überzeugung in einer außeralltäglichen Situation der Eskalation von Gewalt und Gewaltausübung für andere sein Leben gelassen.

Zur Privatsphäre gehört freilich auch die Religion. Und auch hier dürfen wir bestimmte Grenzen nicht überschreiten, die Religionsausübung des Einzelnen ist ein schützenswertes Gut, das damit verbundene Grundrecht unantastbar. Freilich ist Wachsamkeit leider gefragt in den Bereichen der institutionalisierten Religionsausübung, wie die publik gewordenen Fälle von Kindesmissbrauch in der etablierten Kirche verdeutlichen. Nicht zu vergessen: die radikale Interpretation religiöser Glaubensgrundsätze mit ihren gewaltsamen Folgen.

In Wirtschaft und Markt, in Familie und Privatsphäre hat zivilcouragiertes Handeln seinen Platz — als Interaktion und als Intervention. Konkrete Partizipation dagegen ist gefragt in der Sphäre von Staat und Politik. Hier hat Zivilcourage ihren quasi „kultürlichen Platz“. In dieser Sphäre wird das Individuum konkret zur Teilhaberschaft aufgefordert. Wir haben das Recht der Mitgestaltung. Mehr noch: die Pflicht. Interaktion, Intervention und Partizipation des Einzelnen in der Zivilgesellschaft sind unabdingbar. Deren Essenz? Das Charisma des Individuums. Genau dieses Charisma des Individuums muss ins Zentrum der bürgerlichen Gesellschaft zurückgeholt werden. Und zwar in allen Bereichen des öffentlichen Lebens, vorzüglich jedoch im politischen Bereich. Politik muss wieder zu einer *Berufung* werden, das Parlament ein Ort, an dem Berufene sich in Debatten miteinander messen. Zum Beispiel in Fragen der Realität unserer Gesellschaft, in der wir leben. In dieser Gesellschaft gilt wie in jeder anderen auch: Souverän ist, wer die Macht hat. Doch wer hat Macht in unserer so und nicht anders gearteten Gesellschaft? Mächtig ist, wer Geld hat.

Einfacher und gleichzeitig trefflicher lässt sich die Wirklichkeit einer spätkapitalistischen Gesellschaft nicht beschreiben. An den Nabelschnüren der Plutokratie hängen Wirtschaft, Gesellschaft und Politik in gleichen Maßen. Riskant ist diese plutokratische Ordnung durch ihre Realitätsferne. Noch nie in der Geschichte der Menschheit war eine bestimmte Klasse von Menschen weiter vom realen Leben des „normalen“ Menschen entfernt als die

Repräsentanten der Plutokratie. Die Mitglieder dieser Plutokraten—„Elite" werden geboren, leben und sterben — in völlig anderen Komfort-Zonen als der große Rest der Menschheit. Und würden wir „gemeinen" Menschen nicht hin und wieder auf den Tod eines Geld-Aristokraten hingewiesen, wir hielten sie für Götter. Und nur dem Übermenschen vom charismatischen Zuschnitt eines Martin Luther könnte zugetraut werden, auch diese besondere Spezies unserer geldregierten Welt zu überwinden. Diese „Überwindung" ist zunächst und in erster Linie doch quasi metaphysischer Natur. Es gilt, sich auf die großen Zusammenhänge zurückzubesinnen. Das wäre der erste Schritt zur Überwindung des plutokratischen Systems mit seiner globalen Ausbreitungsdynamik in seiner aktuell geltenden Ordnung.

Dieser „Überwindung" wollen wir uns abschließend zuwenden, Zarathustras Charisma-Maximen in den Blick nehmend.

KAPITEL 12

Zarathustras Charisma-Maximen und die letzten Menschen

Friedrich Nietzsche: Philosoph der Zeitenwende und des Umbruchs der Werte, mehr noch — des Nihilismus. Zum Erlöser der aus dem Nihilismus resultierenden Krise bestellt Nietzsche die Figur Zarathustras, eines Charismatikers, dessen Heilslehre vom Übermenschen den Menschen, den „letzten Menschen", wie Nietzsche sie nennt, nur ein Blinzeln abzuringen vermag: „Sie verstehen mich nicht: Ich bin nicht der Mund für diese Ohren."

Zarathustras Scheitern ist deswegen programmiert. Er findet keine Anhänger seiner Lehre. Not? Krise? Nein, danke. Uns geht es gut: „Wir haben das Glück erfunden — sagen die letzten Menschen und blinzeln." Alles ist Oberfläche, nichts hat mehr Tiefe. Die Erfindung des Glücks hat ihren Preis. Den zahlt man gerne. Alles Beschwerliche wird gemieden. Zumindest innerhalb einer spezifisch eigenen Wohlfühl-Hemisphäre, die zu verteidigen als lohnenswert erachtet wird. Sogar mit Waffengewalt. Krieg? Ja, wenn er den Wohlstand sichert und weit entfernt von den eigenen Fleischtöpfen geführt wird. Die letzten Menschen sind keine besondere Form der Spezies. Sie sind die Normalos, die Jedefraus, die Jedermanns der Moderne. Gesättigt in ihrer Selbstzufriedenheit. Borniert in ihren Ansprüchen. Ignorant in ihrer Wirklichkeitswahrnehmung, sich jeder Form von persönlicher Verantwortung entziehend Denn die letzten Menschen haben auch keine Fragen mehr. Und wo es keine Fragen gibt, braucht es keine Antworten. Und kein Denken in Alternativen. Denn auf viele Fragen gibt es oft vielerlei Antworten. Sich entscheiden zu müssen, wäre die Konsequenz. Für die eine Antwort und gegen die andere. Dies freilich wäre eine überflüssige Mühe. Wer das Glück erfunden hat, muss sich dieser Mühe, muss sich keiner Mühe mehr unterziehen. Wozu auch? Die Erfindung des Glücks ist die finale Antwort. Die konsumistische Glückseligkeit ist Lebensinhalt und Daseinszweck genug. Die kommerzialisierte Welt wird zum Paradies-Ersatz. Der kommerzielle Siegeszug dieser finalen Glücksideologie um den Globus ist nicht zu stoppen. Denn die letzten Menschen sind seine Protagonisten. Naiv und unbeirrbar überzeugt in einem. Absurdität regiert die Welt. Sisyphos wird nicht mehr selbst tätig am Fuß des Berges. Er nutzt Maschinen, rationalisiert sogar seine eigene Arbeitskraft systematisch weg.

Aber die letzten Menschen verkennen die Fragilität ihres Existierens. Deswegen hält Zarathustra den Glücks-Apologeten entgegen:

Der Mensch ist ein Seil, geknüpft zwischen Tier und Übermensch — ein Seil über einem Abgrunde.

Dieser Abgrund hat viele Dimensionen: Die Natur, die dieser Natur und ihrer Gefahrenpotentiale wegen entwickelte

Kultur, das Leben an sich, vor allem jedoch den Menschen selbst. Als Teil der Natur, als deren Sprössling, ist der Mensch nämlich ein Mängelwesen. Er hat weder Fell noch Gefieder. Deswegen braucht er Mauern um sich herum. Und ein Dach über dem Kopf. Dieser solcherart behauste Mensch steht am Anfang aller Zivilisation — und an deren Ende. Denn mit der Zivilisation und deren Entwicklung einher gehen Gefahren, die mit denen der Natur durchaus vergleichbar sind, diese im Einzelfall sogar potenzieren. Tschernobyl und Fukushima stehen hier als Beispiele absoluter Gefährdung, „schleichende" Gefahren wie der Klimawandel und die damit verbundene Erderwärmung Zivilisations-inklusive. Insofern ist die als Bollwerk gegen die Widrigkeiten der Natur entwickelte Zivilisation ein potenziertes Risiko für die Spezies an sich. Eine wie auch immer geartete Mechanik der Selbstvernichtung der menschlichen Art ist in den Bereich des Möglichen gerückt. Und im Mittelpunkt dieses Spektakels: der Mensch selbst.

Aber der schlimmste Feind, dem du begegnen kannst, wirst du immer dir selber sein; du selber lauerst dir auf in Höhlen und Wäldern.

Vergleichbar Heraklit sieht Nietzsche im Kampf den Vater aller Dinge. Diesen existentiellen Kampf kämpft der Mensch in erster Linie — mit sich selbst. Mit seinem Selbst. Mit seinen Irrungen und Wirrungen, mit seinen Stärken und Schwächen, mit seinen Idealen, aber auch mit seiner Moral und mit seiner Unmoral. Mit Gut und Böse. Und folgen wir Goethes Faust, so ist der Mensch der

Verführung des Bösen erlegen. Denn das Böse entspricht seiner Lebensweise, ist seine Lebensweise.

Diesen Kampf, dieses Ringen mit sich selbst beschreibt Zarathustra als „Wege des Schaffenden". Und diese Wege führen zu tausendundeinem Ziel. Und Orientierung auf diesem Weg und seinen Zielen erhält der Mensch durch von ihm selbst geschaffene Werte:

Werte legte erst der Mensch in die Dinge, sich zu erhalten, — er schuf erst den Dingen Sinn, einen Menschen-Sinn! Darum nennt er sich „Mensch", das ist: der Schätzende.

Die vom Menschen geschaffene Werte-Ordnung in unserer Hemisphäre ist mosaisch-christlichen Ursprungs, Ergebnis charismatischer Gesinnung und Verantwortung der Religionsstifter Moses, Jesus und Paulus — und heutzutage aus den Fugen geraten. Verursacher der damit verbundenen Desorientierung: der Mensch selbst — in seinem Wahn und seiner ganzen Komplexität. Die Krise allen Seins ist für Zarathustra insofern eine Krise des Menschlichen und des Menschen. Es ist die allumfassende Komfortzone konsumistischen Glücks, die den letzten Menschen den Blick auf Wesentliches verstellt. Das Wesentliche aber ist die Fähigkeit zu unabdingbarer Kritikfähigkeit und zum klaren Urteil, zu einer Transformation des Bewusstseins im Sinne eines notwendigen Kurswechsels, einer Neuorientierung, zu einem sinn- und zweckstiftenden Entscheiden und zu einem daraus abzuleitenden Handeln.

In der spezifischen Glücks-Ordnung der letzten Menschen ist die Einsicht in die Essentialien des Menschlichen bedeutungslos geworden.Die Beliebigkeit wird zum

Fundament einer spezifisch eigenen Welt. Genauso wie dessen treibende Kraft — die kommerzialisierte Wirtschaft. Ein „Gegen"—Fundamentalismus religiöser Prägung ist die Folge. Zu besichtigen zum Beispiel im Iran, im alten Persien, der Heimat Zarathustras. Dort wurde immerhin eine Revolution angezettelt, die sich nicht zuletzt am westlichen Lebensstil, an unserem „Modernismus" entzündete — und in Abwandlungen heute auch die Krieger des IS, von Al-Kaida und anderen islamistischen Gruppierungen motiviert.

Ganz im Sinne einer Revolution gegenüber der bestehenden Ordnung ist auch folgende Maxime Zarathustras zu lesen:

Wenn ihr das Angenehme verachtet und das weiche Bett, und von den Weichlichen euch nicht weit genug betten könnt: da ist der Ursprung eurer Tugend.

Der Auszug der Israeliten aus Ägypten, die Akzeptanz einer neuen Werte-Ordnung durch Moses Zehn Gebote wären mit „weichlichen", Menschen genauso wenig zu bewältigen gewesen wie die Entwicklung des Christentums, deren frühe Protagonisten bereit waren, für ihren Glauben zu sterben. Dementsprechend betont Zarathustra:

Gelobt sei, was hart macht! Ich lobe das Land nicht, wo Butter und Honig — fließt!

Eine Absage an die Bequemlichkeit, verbunden mit der Bereitschaft, sich dem Kampf ums Überleben zu stellen. Der Mensch — reduziert auf sein existentielles Geworfensein. Diese Grundtatsache und der Blick darauf wird verstellt durch ein aus den Fugen geratenes Reich der Notwendigkeit, das zum Selbstzweck mutiert ist, seine Grenzen stetig neu verschiebt, die letzten Menschen beherrscht, sie willenlos macht. Denn das ökonomische Prinzip kommt in einem sensibilitätsrelativierenden, willenlos und hörig machenden Materialismus daher.

Diametral dazu Zarathustras Maxime: Das weiche Bett sei zu verachten, es sei zu loben, was hart macht. Dass Maximen dieser Art von Possenreißern jedweder Provenienz missbraucht werden können, liegt auf der Hand und ist historisch Realität — personifiziert etwa in Adolf Hitler. Aber Adolf Hitler hatte aus vielen Töpfen genascht, seine Schlussfolgerungen und sein daraus resultierendes Handeln katapultieren ihn in ein menschliches Niemandsland, unter dessen Realität Millionen von Menschen gelitten haben und zu Tode gekommen sind — ein Menetekel des jederzeit und immer Möglichen, das uns den Blick besonders schärfen muss für die Richtigkeit von Zarathustras Charisma-Maximen. Denn nur die stete Auseinandersetzung mit den verbrecherischen Tyrannen-Regimen jedweder Art zeigt uns die Grenze zwischen dem charismatischen Weg aus der Krise und dem Possenreißer-Weg in die Krise.

Unheimlich ist das menschliche Dasein und immer noch ohne Sinn: ein Possenreißer kann ihm zum Verhängnis werden.

Den letzten Menschen fehlt der Mut, sich den Possenreißern in den Weg zu stellen, Flagge zu zeigen, Verantwortung zu übernehmen, den Possenreißer-Weg in die Krise zu verbauen. Mehr noch: das Phlegma ist selbst Teil des Systems, Ergebnis einlullender Bedürfnis-Befriedigung in Permanenz. Es lebt sich bequem innerhalb dieses

Systems. Deswegen sind die Possenreißer durchaus wohlgelitten in der Ordnung der letzten Menschen. Sie und ihre vom „Es“ dominierte Welt haben sich mit den Possenreißern arrangiert. Denn die Possenreißer sind die eigentlichen Erfinder und Interpreten des Glücks. Dieses „Glück“ wird dank der Possenreißer-Rhetorik allen Menschen unserer Hemisphäre in ihren Komfortzonen zuteil. Unglück wird ignoriert oder verneint. Mehr noch: Jeder ist seines Unglückes Schmied, selbst schuld, wer sich außerhalb der Glücks-Ideologie bewegt. Und für diese Abtrünnigen gibt es darüber hinaus immer noch die Polizei:

Und wiederum gibt es solche, die halten es für Tugend zu sagen: „Tugend ist notwendig“; aber sie glauben im Grunde nur daran, dass die Polizei notwendig ist.

Die Verantwortung des Einzelnen wird delegiert an Institutionen, die ihrerseits zu einem Gehäuse der Hörigkeit werden, weil sie ihres eigentlichen Sinns entbehren, indem sie etwa überwachen um der Überwachung willen. Die Technik macht's möglich, also funktionieren wir im Rahmen des technisch Möglichen, sagen sich die Überwacher. Die von uns erhobenen und ausgespähten Daten werden schon nicht ganz nutzlos sein. Und sei ihr Sinn auch nur der, dass wir zeigen, wozu wir als Überwacher technisch imstande sind. Den Sinn aber können nur die solcherart überwachten Menschen selbst ihren Überwachern vermitteln und damit Geist und Leben einhauchen, denn auch die Überwachung ist Teil des Systems, das sich die letzten Menschen geschaffen haben, respektive dessen Schaffung sie nicht verhindert haben:

Wehe! Es kommt die Zeit, wo der Mensch nicht mehr den Pfeil seiner Sehnsucht über den Menschen hinaus wirft, und die Sehne seines Bogens verlernt hat, zu schwirren!

Zarathustra ist ein Prediger des Guten, ein Prediger der Tugend. Nur der Tugendhafte weist seiner Meinung nach den Weg aus der menschlichen Krise — klug, besonnen, tapfer und gerecht. Damit im Sinne jener Tugenden, wie Sokrates sie uns vor 2500 Jahren mit auf den Menschheitsweg gegeben hat. Und wie zum Beispiel Rudolf Steiner sie in seiner Anthroposophie vor mehr als einem Jahrhundert erneuert hat. Die „Menschenweisheit" hat den Einzelnen im Blick und hat explizit den Mut, sich gegen herrschende Überzeugungen zu stellen und eine Existenz außerhalb der ökonomisierten Trampelpfade zu wagen. Gleiches gilt im Übrigen für die von Rudolf Steiner heilpädagogisch auf den Weg gebrachte und von Karl König ins Leben gerufene Camphill-Bewegung. Oder im Kleinen die ALISA-Stiftung in der Nibelungenstadt Worms.

Dass eure Tugend euer Selbst sei und nicht ein Fremdes, eine Haut, eine Bemäntelung: das ist die Wahrheit aus dem Grunde eurer Seele, ihr Tugendhaften!

Zum Grund der eigenen Seele muss der Tugendhafte im Sinne Zarathustras hinabzusteigen bereit sein. Denn nur auf dem Grund der Seele findet sich das eigene Selbst und damit jene Wahrheit, die gleichbedeutend ist einer charismatischen Heilsbringerschaft im eigenen Leben. Aus dem Charisma des sich menschlicher Selbstsuche verdankenden Heils entwickeln sich die „Tugendhaften". Diese Tugendhaften im Sinne Zarathustras sind die Bewahrer und Verteidiger von Werten. Diese Werte wandeln sich, so, wie die Menschen sich wandeln. Alte Werte müssen zertrümmert, neue aus den Trümmern geschaffen werden. Denn es gibt keine ewigen Werte. Die Werte verändern sich mit den von Menschen geschaffenen Wirklichkeiten, fügen menschliches Wirken ein in ein Koordinatensystem des Wertens, einer Orientierungshilfe in einer ansonsten unüberschaubaren Wirklichkeit vergleichbar. Mit seinem Wirken und seinen Wirkungen verändert sich nämlich auch der Mensch, er schafft sich stetig neue Wirklichkeiten und damit notwendig auch neue Werte:

Wandel der Werte, — das ist Wandel der Schaffenden. Immer vernichtet, wer ein Schöpfer sein muss.

Aber auch in dieser schöpferischen Zerstörung bleibt der Mensch tugendhaft. Das gilt auch für die Ökonomie, wie Schumpeter in der gedanklichen Nachfolge Nietzsches zeigen konnte. Denn die Tugend ist das Bleibende — jenseits aller sich wandelnden Werte. Die Tugend bleibt, Werte vergehen und werden erneuert.

Wahrlich, ich sage euch: Gutes und Böses, das unvergänglich wäre — das gibt es nicht! Aus sich selber muss es sich immer wieder überwinden.

Das „Es“ überwinden — durch das Über-Ich, durch den Über-Ich-Menschen. Es ist die Berufung des Übermenschen, in der je konkreten Situation mit Hilfe der Vernunft das Gute vom Bösen zu unterscheiden — und sich selbst, sein Selbst zum Guten hin zu überwinden. Und in der Überwindung des Bösen, des im eigenen Selbst des Übermenschen angelegten Bösen, zeigt er Wege auf zum Guten — auch für andere.

Die Mitschaffenden sucht der Schaffende, die, welche neue Werte auf neue Tafeln schreiben.

Ein Sisyphos, der seinen Solipsismus überwindet und sich Helfer sucht bei der Verrichtung seines täglichen Felsblockwälzens. Er ist einer jener Schöpfer, der neue Werte auf neue Tafeln schreibt. Sisyphos hat sein Charisma gefunden und Zarathustra bringt seine charismatische Qualität auf den Punkt, wenn er fragt:

Bist du eine neue Kraft und ein neues Recht? Eine erste Bewegung? Ein aus sich rollendes Rad? Kannst du auch Sterne zwingen, dass sie um dich sich drehen?

Wer diese Fragen im Sinne Zarathustras bejaht, hat sein Charisma gefunden, er ist bei sich in seinem Selbst angekommen, ein Sinnstifter in eigener Sache, ein Überwinder des Possenreißertums, ein Führer, der die letzten Menschen aus ihrer Glücks-Lethargie, aus ihrem hedonistischen Phlegma zu reißen versteht. Er ist ein Überwinder der bestehenden Ordnung, einer der couragiert ausruft: „Hier stehe ich, ich kann nicht anders." Und: „Es steht geschrieben, ich aber sage euch." Im Sinne Zarathustras ist damit das Charima des Übermenschen beschrieben.

Ich will die Menschen den Sinn ihres Seins lehren: welcher ist der Übermensch, der Blitz aus der dunklen Wolke Mensch.

Für diesen Übermenschen gilt:

Alles ist Freiheit: Du kannst, denn du willst!

Lässt sich charismatische Moral auf eine eindeutigere Kurzformel bringen? Wohl kaum. Die Unabhängigkeit seines Geistes und seines Wollens unterscheidet den charismatischen Übermenschen vom Possenreißer. Die

Possenreißer-Ordnung fragt nicht nach Freiheit, nicht nach Unabhängigkeit, nicht nach Sinn, sie fragt ausschließlich nach dem effizientesten Weg, Abhängigkeiten zu erzeugen — zum Beispiel von Komfort und Bequemlichkeit. Nicht die Willensfreiheit des Einzelnen ist gefragt, sondern die Willensbegrenzung im Sinne einer wie auch immer gearteten strukturellen Herrschaft anonymisierter und anonymer Possenreißer. Ein essentieller Diskurs der Vernunft in allen Fragen der Wirklichkeit in der Wirklichkeit der Possenreißer? Fehlanzeige.

Der Übermensch dagegen ist der Typus einer Alternativ-Wirklichkeit, einer, der sich nicht in Belanglosigkeiten und Nebensächlichkeiten ergeht, sondern Wesentliches und damit vor allem Widersprüchliches auf den Punkt bringt. Zarathustra fragt deswegen auch:

Frei wovon? Was schiert das Zarathustra! Hell aber soll mir dein Auge künden: frei wozu?

Die „Freiheit von" geht der „Freiheit zu" (psycho-) logisch und faktisch voraus. Es ist der willentliche, freie und entschiedene Verzicht auf die Annehmlichkeiten der Komfortzonen dieser Welt, sei er tatsächlich oder aber „nur" geistig vollzogen, der die Voraussetzungen schafft zur Gestaltung eines wie auch immer gearteten Neuen, gleichbedeutend einem Aufbruch zu neuen Ufern, zu neuen Werten, zu neuen Bindungen — unbelastet vom komplexen Ballast des Bisherigen. Was aber ist das Neue? Was lehrt Zarathustra? Den Übermenschen, ja, gewiss. Aber was genau soll dieser charismatische Übermensch bewirken? Was ist seine Aufgabe und Berufung?

Zunächst: Er muss bereit sein, die mit seinem Charisma verbundene Verantwortung anzunehmen. Er darf sich nicht davonstehlen wie die Krethis und Plethis unter den Schutzschilden der Possenreißer in der Komfortzone. Er ist gefordert, seiner Berufung zu folgen, seine Aufgabe als Mensch in dieser Welt und in dieser Zeit zu erkennen und diese rückhaltlos und ohne Vorbehalte anzunehmen:

Das ist dein Unverzeihlichstes: du hast die Macht, und du willst nicht herrschen.

Herrschaft? Gewiss. Und zwar Herrschaft über das eigene Selbst. Individuum, Übermensch ist, wer sich selbst beherrschen und sich selbst gehorchen kann. Der Übermensch ist ein disziplinierter Selbstbeherrscher, ein Herrscher, dessen Macht in erster Linie einen Selbstbezug hat. Einer, der seinem Selbst befehlen kann und imstande ist, Gehorsam bei sich selbst, bei seinem Selbst einzufordern und dieser Forderung auch Genüge zu tun. Befehlen und Gehorchen sind nämlich aus demselben Stoff gemacht. Nur der ist ein erfolgreicher Führer des eigenen Selbst, der seinen Lebenszweck aus dem eigenen Innersten schürft, sich Ziele setzt und diese eisern gegen sich selbst und sein eigenes Selbst auch verfolgt. Die Selbstdisziplin des Gehorchens ist dabei genauso wichtig wie die Selbstdisziplin des Befehlens. Zarathustra notiert denn auch:

Dem wird befohlen, der sich nicht selber gehorchen kann.

Befehlen und Gehorchen allerdings sind kein Selbstzweck. Sie dienen einer höheren Ordnung und haben einen übergreifenden Sinn. Zarathustras Prophetie hat denn auch eine höchst moderne Dimension. Herrschaft um der Herrschaft willen? Gewiss nicht. Gefragt ist die Herrschaft einer guten Sache wegen. Was aber ist diese gute Sache? Die Erfindung des Glücks? Ein Leben in Banalitäten und Belanglosigkeiten?

Zarathustra fordert Verantwortung ein, Verantwortende, die sich dem Wesentlichen nicht verweigern. Und was ist dieses Wesentliche?

Euer Geist und eure Tugend diene dem Sinn der Erde, meine Brüder: und aller Dinge Wert werde neu von euch gesetzt!

Der Sinn der Erde! Mehr noch: Dem Sinn der Erde dienen! Was ist der Sinn der Erde?

Zunächst: Die Erde ist der Wohnort des Menschen. Aller Menschen. Allen Menschen soll diese Erde ein wohnlicher Ort sein. *Allen* Menschen. Mehr noch: Die Erde *gehört* allen Menschen. Sie ist Eigentum aller Menschen, ein Ort, ohne den menschliches Leben nicht denkbar ist. Denn was wäre die menschliche Physis ohne die Erde? Ein Nichts. Es gäbe uns nicht. Und daraus folgt die Idee einer auf kommunikativer Vernunft basierenden Erd- bzw. Weltgemeinschaft. Alle Menschen auf dieser Erde — ausgestattet mit gleichen Rechten und gleichen Pflichten. Speziell gegenüber der Erde. Einem ehernen Vernunft-Gesetz des Überlebens folgend. Dieses Gesetz des Überlebens gilt es zu erkennen, einzuhalten und im Fall von Gesetzesbrüchen gegen diese vorzugehen und für die Einhaltung des Gesetzes zu kämpfen. Letztlich wäre die Verwirklichung dieses Gesetzes genau das Ziel, für das zu kämpfen sich lohnt — die kommunikative Vernunft als Waffe gegen die vorherrschende Unvernunft einsetzend. Denn die Wirklichkeit der Erde ist weit davon entfernt, ein wohnlicher Ort für alle Menschen zu sein. Der Diskurs wird zum Mittel charismatischer Verheißung. Sein Zweck? Dem „Sinn der Erde" als Wohnort aller Menschen zu dienen.

Aber sagt mir doch, meine Brüder: wenn der Menschheit das Ziel noch fehlt, fehlt da nicht auch — sie selber noch?

Zumindest in unseren Hemisphären wissen wir heute, wie es um unsere Welt und um die Menschen dieser Welt bestellt ist. Wir sind vertraut mit der Psychologie des Menschen — mit seinen Stärken, aber auch mit seinen Schwächen. Im Prinzip wissen wir, was zu tun ist, um allen Menschen auf dieser Erde ein lebens- und überlebenswertes Dasein zu sichern. Diese Ziele sind in einschlägigen Verlautbarungen der UNO und ihren zahlreichen Appellationen manifestiert und nachzulesen. Jedem von uns zugänglich und einsichtig. Jederzeit. Und jederzeit nachvollziehbar, einer kommunikativen Vernunft folgend.

Die Konsequenz daraus? Es braucht „nur" die Verlebendigung der 2500 Jahre alten sokratischen Jedefrau-Jedermann-Tugend zur vernunftgesteuerten Ein- und Umkehr:

- Sei klug und gehe nicht jedem Possenreißer auf den Leim. Glaube an dich selbst und sei dein eigener unbestechlicher, unbeirrbarer Führer in deinem Leben.

- Sei besonnen und lerne maßzuhalten im Überfluss und lasse dich nicht verführen von den Bequemlichkeiten der Komfortzonen in unserer so und nicht anders gewordenen Welt.

- Sei tapfer im Widerstehen gegenüber allen herrschenden Meinungen, die dir suggerieren wollen, dass unsere

Lebensweise in unserer ökonomisierten Welt die einzig gute und richtige sei — und der Rest sei böse.

• Sei gerecht im Blick auf jene, die sich nicht selbst helfen, sich nicht an ihrem eigenen Selbst orientieren können, aber genau wie du einen essentiellen Anspruch darauf haben, „Mensch unter Menschen“ zu sein und die Erde als ihren Wohnort nutzen zu dürfen.

Und: sei Dir allzeit bewusst, dass es Glück nur im Erleben mit anderen geben kann, unser Sisyphos nur deswegen ein glücklicher Mensch ist, weil er seiner charismatischen Tugend folgt und den Felsblock gemeinsam mit anderen den Berg empor wälzt. Jeden Tag auf's Neue.

Editorische, bibliografische und biografische Notizen

Dieses Buch erhebt nicht den Anspruch „akademischer Wissenschaftlichkeit“ im engen Sinn des Wortes. Auf einen bibliografischen „Apparat“ mit akkuratem Nachweis der Zitate wurde denn auch der Lesefreundlichkeit des Textes wegen verzichtet. Für die Korrektheit der Zitate verbürge ich mich als Autor jedoch ohne wenn und aber. Kapitelweise werden im Folgenden der akademischen Redlichkeit geschuldete bibliografische Notizen, die mir unabdingbar erscheinen, nachgereicht.

Dieses Buch ist das (weitere Zwischen-) Ergebnis einer Auseinandersetzung mit dem Thema „Charisma“, das mich seit dem Ende der Siebzigerjahre im letzten Jahrhundert beschäftigt und wesentlich verbunden ist mit dem Namen Max Webers, meines soziologischen „Säulenheiligen“.

„Säulenheilige“ in meiner intellektuellen Biografie gibt es drei weitere — Sokrates, Friedrich Nietzsche und Rudolf Steiner. Die Auseinandersetzung mit deren Denken hat sich in allen Lebensabschnitten als kostbar und bereichernd für mich erwiesen. Der stete sokratische Dialog mit diesen vier „Säulenheiligen“ fließt auch substanziell in dieses Buch ein — mehr noch: Dieses Buch ist wesentlich ein sokratischer Dialog mit diesen vier Denkern.

Als „sokratischen Dialog“ bezeichne ich das grundlegende Vehikel meiner an psychotherapeutischer Einfühlung und philosophischem Verständnis orientierten Coaching-Praxis, basierend auf Elementen der Habermaschen „Diskursethik“ und der „Theorie des kommunikativen Handelns“, im Einzelfall jeweils mündend in einem individuellen „Grundgesetz des eigenen Selbst“ meiner jeweiligen Gesprächspartner. Dieses Grundgesetz vor dem Hintergrund sich verändernder Lebens- und Berufsbedingungen mit einer gewissen Regelmäßigkeit kritisch zu hinterfragen und anzupassen, gibt dem steten sokratischen Dialog mit meinen Mandanten eine spezifisch eigene Dynamik und vermittelt mir selbst immer wieder neue Einsichten in die Relevanz nicht zuletzt von scheinbar alltäglichen Fragestellungen, die im Einzelfall ganze Lebens- und Berufskonzepte ins Wanken zu bringen vermögen. Im tiefgründigen Bohren nach der Sinnhaftigkeit der menschlichen Existenz wurde auch die Konzeption dieses Buches, diese durchaus vergleichbar dem Grundgesetz eines individuellen Selbst, im Laufe ihres Werdens immer wieder um neue Aspekte bereichert.

Über viele Jahre hinweg und in unterschiedlichen Lebensphasen sokratische Dialoge zu unterschiedlichsten Themen diskursiv zu pflegen vergönnt war und ist mir mit vier Begleitern meines eigenen Werdens: mit Wilhelm Fensterer, meinem journalistischen Mentor in jungen Jahren, dessen Erfahrungen in der Bündischen Jugend mir das Phänomen „Charisma“ im Reifungsprozess eines Menschen vor Augen geführt hatte, mit Alphons Silbermann, dessen Soziologie eines am Menschen orientierten konkreten Nutzens mich genauso nachhaltig beeinflusst hat wie seine systemkritische Auseinandersetzung mit den

Massenmedien, mit Martin Greiffenhagen, meinem Doktorvater und akademischen Lehrer, dessen vorurteilslose Sicht auf die Welt mir immer wieder neue Türen einer eigenen Verständigung mit der Wirklichkeit aufgestoßen hatte — und last not least mit Richard Rickelmann, dessen investigative journalistische Wahrheitssuche ihn zu einem Aufklärer par excellence macht, mich immer wieder konfrontierend mit überraschenden und nicht selten auch skandalösen Wirkmechanismen in unserer so und nicht anders gewordenen Welt.

Nicht zuletzt vor dem Hintergrund dieser sokratischen Dialoge hat das Phänomen „Charisma" immer wieder zu neuen Aspekten, Perspektiven und Ergebnissen meines Denkens und Urteilens geführt. Neugierig zunächst thematisierend Max Webers „Machtästhetizismus" (Hannover 1979) und seine drei Herrschafts-Typologien wurde Charisma auch zum Thema meiner Doktorarbeit („Der römische Cäsar mit Christi Seele", 1984, und Frankfurt am Main et al. 1988), in einem nächsten populärwissenschaftlichen Schritt zum „Weg aus der Krise" (Bergisch-Gladbach 1996) und nun aktuell in diesem Buch substantiell mit „Glück" korreliert, der Frage also, inwieweit, ob und in welcher Art und Weise Charisma das Glückserleben befördern kann, die Frage inspiriert von Albert Camus' „Mythos von Sisyphos", genauso wie von Axel Honneths „Anerkennungs-Theorie", die mir allerdings zu sehr in unserer kulturellen Hemisphäre verhaftet scheint, was meiner Wertschätzung des Honnethschen Denkens keinerlei Abbruch tut. Glück wird insofern im Kontext dieses

Buches nicht zuletzt auch als Ergebnis von Anerkennung zu lesen sein.

Dass auch das charismatische Glückserlebnis — der „Kampf um Anerkennung“ (Honneth) beziehungsweise dessen Ergebnis — kulturell bedingt und geprägt ist, wird uns mit manichäischer Wucht zum Beispiel durch die IS-Propaganda ins Bewusstsein gerückt: „Wie Ihr das Leben liebt, so lieben unsere Krieger den Tod!“

Gibt es einen unüberbrückbareren Gegensatz als die Liebe zum Leben auf der einen Seite und die Liebe zum Tod auf der anderen? In seiner „Anatomie der menschlichen Destruktivität“ hat Erich Fromm den „nekrophilen Charakter“ luzide analysiert, dabei freilich auch, ähnlich Rudolf Steiner, die Todes-Affinität unserer eigenen Kultur offen gelegt. Oder ist der in unserer kulturellen Hemisphäre idolatrisch gepflegte Materialismus etwa nicht umweht vom Hauch des Todes? Aber auch das kriegerische *dulce et decorum est pro patria mori* hat eine lange Tradition in unserer Hemisphäre, zuletzt manifestiert quasi als Massenbewegung bei den spanischen Falangisten, einem urgründigen Todes-Mythos huldigend.

Kann die in der Kommunikation zu sich selbst kommende Vernunft im Sinne Karl Jaspers’ eine Brücke bauen zwischen diesen — scheinbar — unvereinbaren Welten? Oder wird es auf ewig die charismatische Beglückung im Tod auf der einen Seite und die im Leben auf der anderen Seite geben? Mit Nietzsche gilt es, „mit dem Hammer zu philosophieren“, um dieser Frage alltagstauglich auf den Leib zu rücken.

Die bibliografischen Fußnoten im Folgenden beziehen sich auf das angehängte Literaturverzeichnis, dessen Bedeutung freilich weit über die Funktion der dokumentierten „Stichwort-Belieferung“ hinausgeht. Alle verzeichneten Autoren und Titel sind je für sich insofern von Relevanz für dieses Buch, als sie in unterschiedlichen Lebensphasen jeweils zu meinem persönlichen Erkenntnisgewinn bei der Auseinandersetzung mit dem Thema „Charisma“ substantiell beigetragen haben, dokumentiert in der Auflistung einer relevanten Auswahl eigener Publikationen.

Im Blick auf wirtschafts- und gesellschaftskritische Aspekte des vorliegenden Buchs von besonderer Bedeutung waren generell folgende Autoren und Titel:

- Dath, D. und Kirchner, B.: Der Implex. Sozialer Fortschritt: Geschichte und Idee
- Fromm, E.: Anatomie der menschlichen Destruktivität
- Krysmanski, H.J.: Hirten und Wölfe. Wie Geld und Machteliten sich die Welt aneignen
- Sedláček, T.: Die Ökonomie von Gut und Böse

In meinem eigenen (dilettantischen) ökonomischen Ansatz sehe ich mich durch Sedlá ek vollumfänglich bestätigt. In diesem Zusammenhang prägend für die „Wirtschaftstheorie“ meines eigenen Denkansatzes waren folgende Ausführungen in Sedlá eks Buch (2012, Seite 400): „Es scheint, dass die zeitgenössische Ökonomie (und auch ein Teil der auf ihr basierenden Wirtschaftspolitik) einige neue Ideen aufgeben und zu vielen alten zurückkehren sollte. Sie sollte die ständige Unzufriedenheit aufgeben, den künstlich erzeugten sozio-ökonomischen Mangel, und die

Zufriedenheit, die Ruhe und die Dankbarkeit für das, was wir haben, wiederentdecken. Wir haben wirklich viel — von einem materiell-ökonomischen Standpunkt aus gesehen sogar mehr als alle früheren Generationen in der Geschichte der westlichen griechisch-jüdisch-christlichen Zivilisation (und aller anderen uns bekannten Zivilisationen). Daher sollten wir die materielle Verwöhntheit und die übermäßige Betonung des Glücks, das materieller Wohlstand bringen kann, hinter uns lassen."

Bestimmte Aspekte der jüngeren Gesellschafts-, Politik- und Wirtschaftskritik wurden mir wesentlich durch folgende Autoren und Titel vermittelt:

- Gruhl, H.: Ein Planet wird geplündert. Schreckensbilanz unserer Politik.
- Müller, L.: Bankräuber. Wie kriminelle Manager und unfähige Politiker uns in den Ruin treiben.
- Rickelmann, R.: Tödliche Ernte. Wie uns Agrar- und Lebensmittelkartell vergiften.
- Sennett, R.: Verfall und Ende des öffentlichen Lebens. Die Tyrannei der Intimität.
- Spitzer, M.: Digitale Demenz. Wie wir uns und unsere Kinder um den Verstand bringen.

Der (soziale) Mythos von Sisyphos

Das in der „Unabhängigkeitserklärung der Vereinigten Staaten" vom 4. Juli 1776 proklamierte „Streben nach Glück" (Pursuit of Happiness) als unveräußerliches Menschenrecht hat in seiner ganzen unstrittigen Großartigkeit auch Kräfte freigesetzt, deren Folgen für die amerikanischen Gründerväter nicht voraussehbar waren, die sie freilich auch zu ihrer Zeit als irrelevant beurteilt hätten — genauso wie ihre Nachfahren an den Schalthebeln der Weltmacht USA heute. Denn der „American Way of Life" ist nicht zuletzt ein Weg des kapitalistisch materialistischen Egoismus, das ursprünglich quasi sakral naturrechtlich verankerte Glücksstreben des Einzelnen entweihend, ihm seine metaphysischen Weihen raubend, letztlich resultierend in einer Eindimensionierung, einer Reduktion des Menschlichen auf die Funktion des „Moneymaking" und einem damit verbundenen Glauben an die Käuflichkeit aller Dinge, Glück inklusive. Dass das egoistisch motivierte Glücksstreben ein Irrweg ist, Glück nur in Gemeinschaften mit anderen erlebbar wird, ist die Ausgangsthese dieses Buchs, Camus' „Mythos von Sisyphos" sozial umdeutend.

Kapitel 1:
Nietzsche und die Umwertung aller Werte

Einige Textpassagen dieses Kapitels sind folgenden Publikationen entnommen: „Aufruf zu einem Diskurs über Humanität", in Becker, K.E. und Steel, R. (Hg.): „Karl König. Über die menschliche Seele", Stuttgart 2011, Seite 231 ff, sowie „Das mediale Allzeit-Jetzt und der Einzelne", in Mike Friedrichsen und Roland A. Kohn (Hg): „Digitale Politikvermittlung", Wiesbaden 2013, Seiten 146 bis 148.

Gedankt sei dem Karl König-Archiv sowie dem Verlag Springer VS für die Genehmigung zum Nachdruck, letzterem auch für die Verwendung der Grafiken zum „Allzeit-Jetzt" und zur „Ökonomie des Augenblicks".

Im Einzelnen nicht mehr nachvollziehbar, aber nachhaltig einflussreich für meine eigenen Überlegungen zum Thema „Zeit" waren die Publikationen von Karlheinz A. Geißler, im Literaturverzeichnis zumindest mit einem aktuelleren Titel erwähnt.

Wichtig für die Beschäftigung mit Umweltfragen zu Beginn der Achtzigerjahre des letzten Jahrhunderts war ein sporadisch persönlicher Kontakt zu Herbert Gruhl, einem eher konservativen Gründervater der Grünen, der Mitte der Siebzigerjahre mit seinem Buch „Ein Planet wird geplündert" für Furor gesorgt hatte. Gruhl, ein „Wertkonservativer" im besten Wortsinn, ursprünglich Mitglied der CDU und Bundestagsabgeordneter, war zweifellos eine charismatisch inspirierte Persönlichkeit — letztlich gescheitert in machiavellistisch vieldimensional ausgetragenen Flügelkämpfen der frühen grünen Bewegung, jeder Flügel vertreten wiederum von ebenfalls charismatisch bewegten Weltverbesserern mit außeralltäglichem Behauptungswillen.

Ebenfalls in den Achtzigerjahren hatten mir auch einige persönliche Begegnungen mit dem ehemaligen Generalmajor der Bundeswehr Gert Bastian, dem Lebensgefährten der ursprünglich vornehmlich friedensbewegten Petra Kelly, wichtige Einsichten in die schwierige Gemengelage aus weltanschaulichen, aber auch persönlichen

Konflikten bei der Entwicklung der grünen Bewegung in deren Anfangsjahren vermittelt.

Kapitel 2: Das Charisma Khomeinis

Unmittelbar nach der islamischen Revolution hatte ich die Gelegenheit, den Iran zu bereisen und dort mit zahlreichen Repräsentanten der Revolution und vielen führenden Revolutionsgardisten zu sprechen — unter anderem mit Ali Chamenei, seit 1989 in der Nachfolge Khomeinis der politische und religiöse Führer des schiitischen Iran, am 4. Juni 1989, einen Tag nach dem Tod Khomeinis, vom Expertenrat sogar zum neuen Revolutionsführer gewählt.

Basierend auf den Eindrücken meiner Iranreise sind zahlreiche Artikel und Aufsätze erschienen, einige davon bilden auch die Grundlage dieses Kapitels. Seither hat sich freilich auch die Gesellschaft im Iran verändert — mit Wirkmechanismen, die sich quasi in allen Bereichen des öffentlichen und privaten Lebens bemerkbar machen. Insofern greifen meine Ausführungen hinsichtlich aktueller, durchaus auch pluralistischer Entwicklungen der iranischen Gesellschaft eindeutig zu kurz und beschreiben lediglich den statu nascendi fundamentalistischer Tendenzen, die freilich immer noch durch die postrevolutionäre Verfassung der islamischen Republik sogar rechtlich Gültigkeit beanspruchen dürfen.

Kapitel 3:
Eine spirituelle Kraft: Jesus, Paulus und die Folgen

Vgl. dazu K.E. Becker: „Der römische Cäsar mit Christi Seele: Max Webers Charisma-Konzept. Eine systematisch kritische Analyse unter Einbeziehung biografischer Fakten". Dort vor allem die Seiten 47ff, sowie 85ff. Die Grafik findet sich auf Seite 46. Vgl. auch die einschlägigen Ausführungen Max Webers zur Religionssoziologie in „Wirtschaft und Gesellschaft", Seite 245 ff, sowie „Gesammelte Aufsätze zur Religionssoziologie", Band 1.

Kapitel 4:
Mephistopheles: Das Charisma des Bösen

Als Begleitlektüre zu diesem Kapitel empfehle ich auf jeden Fall Tomáš Sedláčeks „Die Ökonomie von Gut und Böse".

Kapitel 5:
Der Übermensch. Zwischen Über-Ich und Es

Der Mangel aller „Big Man"-Theorien, ganz gleich, ob aus dem philosophischen, dem soziologischen oder dem psychologischen Lager kommend, besteht darin, dass deren empirische Absicherung daran krankt, dass ein Nachweis differenzieller Führereigenschaften nicht zu erbringen ist.

„Big Man", „Superman" und „Übermensch" sind und bleiben also theoretische Konstrukte zur Erklärung feststellbarer Tatsachen in allen Zeiten der Menschheitsgeschichte überall auf der Welt.

Vergleichbar Max Webers Idealtypus aus soziologischer Sicht ist Sigmund Freud aus dem Blickwinkel des Psychoanalytikers eine epochale Theorie des großen Mannes zu danken, deren Rezeption in Verbindung mit einigen allgemeinen Begriffen aus Freuds analytischer Terminologie sich als lohnend erweisen könnte.

Kapitel 6: Rudolf Steiner und die Dreigliederung des sozialen Organismus

Inwieweit und ob es jemals eine Chance gegeben hat, Rudolf Steiners revolutionären Ansatz einer Neuorganisation des sozialen Organismus zu realisieren, wird uns als offene Frage auch weiterhin begleiten müssen. Trotz persönlicher Ansprache politisch relevanter Persönlichkeiten zu seiner Zeit war es Steiner selbst nicht gelungen, seine Ideen im großen Stil zur Entfaltung zu bringen. Warum hätten die Potentaten der Macht in Wirtschaft und Gesellschaft der damaligen Zeit auch auf bestehende Einflussmöglichkeiten zugunsten der Realisierung eines gesamtgesellschaftlichen Ideals verzichten sollen?

Übertragen auf unsere Zeit gilt zum einen die Realität des Machtfaktors nach wie vor uneingeschränkt. Hinzu kommen jedoch zwei weitere Dimensionen auch des sozial Wirkenden, deren vehemente Entwicklung zu Steiners Zeit wohl von niemand vorausgesehen werden konnte, lassen wir Max Webers schicksalsmächtige Vision der Bestimmung unseres Lebens durch den Kapitalismus einmal außen vor. In der Tat hat der Kapitalismus in seiner so und nicht anders gewordenen Ausprägung im frühen 21. Jahrhundert eine Dimension erreicht, die es notwendig erscheinen lässt, zwischen Realwirtschaft auf der einen Seite und Geldwirtschaft auf der anderen Seite zu unterscheiden. Mit der Industrie 4.0 kommt ein weiterer Faktor hinzu, der das Phänomen „Globalisierung" zusammen mit der ebenfalls „virtuellen Wirklichkeit" des Geldes wesentlich — und dabei unfassbar macht. Die virtuellen Wirklichkeiten der unkontrollierten und unkontrollierbaren Kapitalflüsse einerseits und der ebenfalls unkontrollierten und unkontrollierbaren digitalen Vernetzung anderseits rücken eine wünschenswerte Reduktion des Sozialen auf drei gegliederte Struktureinheiten mit eindeutigen Verantwortlichkeiten nach meiner Einschätzung in utopische Fernen. Mehr noch: die „Globalisierung" hat heute jene schicksalhafte Wirkmächtigkeit, die Max Weber dem Kapitalismus prophezeit hatte.

Kapitel 7:
Karl Königs Heilpädagogik

Das besondere Charisma Karl Königs kommt in diesem Kapitel eindeutig zu kurz und soll in einer späteren Publikation ausgiebig gewürdigt werden. Denn unstrittig gehört die gemeinschaftsbildende Kraft von Camphill zu den mutmachendsten charismatischen Bewegungen unserer Zeit. Nicht zuletzt diese Einsicht hat mich dazu veranlasst, gemeinsam mit Richard Steel das Karl König Institut in Berlin zu gründen, das sich der Pflege und der Weiterentwicklung der Gedanken und Impulse des Camphill-Initiators verschrieben hat.

Kapitel 8:
Das Charisma des Geldes

Selbstverständlich ist die ALISA-Stiftung nicht allein auf weiter Stiftungsflur in Deutschland. Erwähnt werden soll zum Beispiel die vor wenigen Jahren gegründete Stiftung „Berliner Leben", die sich der ALISA-Stiftung vergleichbaren Zielen verschrieben hat und ihre Existenz der Gewobag verdankt.

Es darf bei den Notizen zu diesem Kapitel auch nicht unterschlagen werden, dass ich ALISA seit deren Gründung federführend begleite und heute Mitglied im zweiköpfigen Vorstand der ALISA-Stiftung bin. Dieser Hinweis ist einerseits geschuldet der selbstverständlichen Verpflichtung gegenüber dem Leser zur Offenlegung relevanter Fakten und Zusammenhänge. Andererseits wird mit diesem Hinweis auch meine persönliche Grenzgängerschaft, die allzeit schwierige Gratwanderung zwischen der existentiellen Notwendigkeit zum Geldverdienen und der Freiheit zum großzügigen Geldausgeben, offenbart. Im Reich der Notwendigkeit verdiene ich mein Geld als Berater und Coach vornehmlich von Wirtschaftsunternehmen — nicht zuletzt im Bemühen, „good governance" durch „good communications" zu verwirklichen. Im Reich der Freiheit gebe ich das von einer Vielzahl von Menschen erarbeitete Vermögen dank einer sozial engagierten Erbin eines unternehmerischen Vermögens für — fraglos — sinnvolle Projekte aus, immer im Bewusstsein einer komplexen Gemengelage höchst unterschiedlicher Interessen. Dieser Balanceakt bleibt nicht ohne Widersprüche, die auszuhalten oft schwierig sind, relativiert im Extremfall nur durch die Einsicht, dass auch die Empörungskultur letztlich narzisstisch geprägt ist, wir mit den Widersprüchen in unserem eigenen Selbst genauso wie mit denen in der Gesellschaft leben lernen müssen, wenn es für das Projekt „Menschlichkeit" noch einen Funken Hoffnung geben soll in dieser bizarren Welt, die wir geschaffen haben und für die wir verantwortlich sind.

Im Kontext der erwähnten Gratwanderung wird mir im unternehmerischen Lager immer wieder unterstellt, ich sei ein überzeugter „Anti-Kapitalist". Diese Unterstellung verwechselt Prozessuales mit Überzeugung. Überzeugt bin ich von der Notwendigkeit eines steten kritischen Hinterfragens des Kapitalismus in seiner verwirklichten Form. Daraus die Absolutheit einer Anti-Haltung abzuleiten ist irrig. Kritik ist nie absolut sondern immer relativ zu konkreten Sachverhalten, die im Einzelfall anzuprangern sogar Verpflichtung jedes verantwortungsbewussten Menschen ist und bleibt.

Kapitel 9:
Die Kunst der charismatischen Kommunikation in einer offenen Gesellschaft

Vgl. dazu auch meine diesbezüglichen Ausführungen zur Kommunikation in „Charisma. Der Weg aus der Krise“, im vorliegenden Buch den Kommunikationsbegriff in der offenen Gesellschaft pointierend durch eine an Karl Jaspers orientierten Vernunftdimension. Inwieweit und ob in Anbetracht der komplexen Gemengelage speziell offener Gesellschaften vernunftbasierte Antworten auf relevante Fragen tragfähige Fundamente für die Gestaltung von Zukünftigem ermöglichen können, gehört ins Reich der Hoffnung. Sicher ist jedoch einerseits, dass es zur offenen Kommunikation in einer offenen Gesellschaft innerhalb unserer Hemisphäre keine Alternative mehr gibt, beziehungsweise mehr geben darf. Und ebenso sicher ist andererseits, dass der ewige Kampf zwischen offenen und geschlossenen Gesellschaften und ihren entsprechenden Kommunikationssystemen weit davon entfernt ist, final entschieden zu sein. In der Realität des gesellschaftlich politischen Lebens werden wir es ohnehin immer wieder mit einer komplizierten Mixtur aus offenen und geschlossenen Kommunikationskreisen und deren — oftmals charismatischen — Repräsentanten zu tun haben.

Kapitel 10: Charismatische Tugenden

Unstrittig geht der Katalog der im abendländischen Denken verankerten Kardinaltugenden auf Sokrates zurück. Allerdings beschränkte sich der kardinale Gründer-Denker dieser Tugenden im Prinzip auf zwei: Besonnenheit (im Sinne von Gottesfurcht, gleichbedeutend mit einer Vermeidung von „Hybris") und Gerechtigkeit — letztere in einem sozialen Sinn des Wortes. Klugheit und Tapferkeit komplettierten dieses Tugend-Quartett erst bei den Nach-Sokratikern. Eine besondere Bedeutung bei der Entwicklung charismatischer Tugenden genießt zweifellos das Phänomen „Resilienz" — von Friedrich Nietzsche in seinem Spätwerk „Götzen-Dämmerung oder Wie man mit dem Hammer philosophirt" folgendermaßen auf den Punkt gebracht (1980, S. 60): „Was mich nicht umbringt, macht mich stärker." — Die Bezüge zu Rousseau erschließen sich aus dem Literaturverzeichnis, Pestalozzis Schriften sind im Gutenberg-Projekt über das Internet in vorbildlicher Art und Weise verfügbar.

Kapitel 11: Erziehungszweck: Zivilcourage

Das Sollen, dem das Individuum folgen muss, entsteht aus seinem autonomen Willen und ist damit Kern jedes demokratischen Diskurses beziehungsweise persönlichen Willensbildungs-Prozesses.

Hier stehe ich — dort stehst du. Der autonome Wille des Einen misst sich am autonomen Willen eines Anderen. Diese Tatsache mitzudenken, in die eigene Überlegung mit einzubeziehen, macht vor allem den demokratischen Diskurs wesentlich.

Aus entwicklungspsychologisch pädagogischer Sicht ein Aphorismus Nietzsches („297" in seiner „Morgenröte", 1980, S. 221) in diesem Zusammenhang gefällig? „Man verdirbt einen Jüngling am sichersten, wenn man ihn anleitet, den Gleichdenkenden höher zu achten als den Andersdenkenden."

Aus individualphilosophischer Sicht hat die Selbstgesetzgebung des Wollens Immanuel Kant zum obersten Prinzip der Sittlichkeit erklärt — und damit der Zivilcourage durch ein explizites Gebot konkret Gestalt verliehen. Der kategorische Imperativ ist ein Appell an jeden einzelnen Menschen, durch eine verpflichtende Botschaft auch Bürge des Gemeinwesens zu sein und für das große Ganze Verantwortung zu übernehmen. Erinnern wir uns: *Handle so, dass die Maxime deines Willens jederzeit zugleich als Prinzip einer allgemeinen Gesetzgebung gelten könne.* — So lautet Kants kategorischer Imperativ, ohne den es zum Beispiel weder Jürgen Habermas Diskursethik noch John Rawls Theorie der Gerechtigkeit gäbe.

Wie wir wissen, galt es lange als „chic", gegen Kant zu polemisieren. Rudolf Steiner steht in seinen diesbezüglichen Ausführungen vor allem in der „Philosophie der Freiheit" in der Tradition der deutschen Geistesgeschichte in einer Reihe mit Heinrich Heine und Friedrich Nietzsche.

Ungeachtet noch immer vehement transportierter Vorurteile wäre es ganz zweifellos jedoch auch aus anthroposophischer Sicht sinnvoll, den großen Philosophen aus Königsberg speziell vor dem Hintergrund der essentiell existenziellen Fragen unserer Zeit erneut und vorurteilslos in den Blick zu nehmen.

Kapitel 12: Zarathustras Charisma-Maximen und die letzten Menschen

In der jüngeren abendländischen Geistesgeschichte zu den kritischen Begründern eines Nachdenkens über den Sinn der Erde gehört ganz zweifellos Jean-Jacques Rousseau, der in seiner „Abhandlung über den Ursprung und die Grundlagen der Ungleichheit unter den Menschen" Folgendes schreibt (1998, Seite 74): „Der erste, der ein Stück Land eingezäunt hatte und auf den Gedanken kam zu sagen ‚Dies ist mein' und der Leute fand, die einfältig genug waren, ihm zu glauben, war der wahre Begründer der zivilen Gesellschaft. Wie viele Verbrechen, Kriege, Morde, wie viele Leiden und Schrecken hätte nicht derjenige dem Menschengeschlecht erspart, der die Pfähle herausgerissen oder den Graben zugeschüttet und seinen Mitmenschen zugerufen hätte: ‚Hütet euch davor, auf diesen Betrüger zu hören. Ihr seid verloren, wenn ihr vergesst, dass die Früchte allen gehören und dass die Erde niemandem gehört!'"

Danksagung

Mein Dank gilt Marion Schwarz, BSK Becker+Schreiner Kommunikation GmbH, für die effiziente Erstabschrift des Textes nach Diktat. Die folgenden redaktionellen Korrekturen hat Henriette Kleih, Agentur UNIT, ebenfalls nach Diktat mit Kompetenz, Akkuratesse und ohne Rücksicht auf die üblichen Bürozeiten besorgt. Dafür mein besonderer Dank — auch für die Entwicklung der im Text verwendeten Grafiken.

Für Nachdruckerlaubnisse bestimmter Passagen bereits publizierter Texte danke ich den Verlagen Logophon und Springer VS, dem Karl König-Archiv sowie dem Verlag Jugend mit Zukunft. Ein herzlicher Dank gilt Richard Steel, dem Mitbegründer des Karl König-Instituts, für die Verlagsempfehlung. Denn ganz zweifellos passt die an Rudolf Steiners Sozialideen orientierte „Unternehmensphilosophie" beim Info3-Verlag in jeder Hinsicht zu den Erfordernissen dieser so und nicht anders gewordenen Welt, genauso wie zu diesem Buch.

Last not least gilt ein besonderer Dank Dr. Jens Heisterkamp, dem Verleger und Lektor. Professionell, kenntnisreich und mit Empathie hat er wesentlich zur Machart dieses Buchs in seiner vorliegenden Form beigetragen.

Literaturverzeichnis

Adamietz, J. (Hg.): *Juvenal — Satiren.* München, Zürich 1993.

Alberoni, F.: *Verliebt sein und lieben — Revolution zu zweit.* Stuttgart 1983.

Arendt, H.: *Vita activa oder Vom tätigen Leben.* Stuttgart 1960.

Arendt, H.: *Elemente und Ursprünge totaler Herrschaft.* 3 Bände. Frankfurt am Main, Berlin, Wien 1975.

Arendt, H.: *Macht und Gewalt.* München 1977.

Aristoteles: *Nikomachische Ethik.* Stuttgart 1969.

Aristoteles: *Politik.* München 1973.

Bachofen, J.J.: *Das Mutterrecht.* Stuttgart 1861.

Bartsch, G.: *Die NWO-Bewegung Silvio Gesells. Geschichtlicher Grundriss 1891-1992/1993.* Lütjenburg 1994.

Beck, U.: *Risikogesellschaft. Auf dem Weg in eine andere Moderne.* Frankfurt am Main 1986.

Becker, K.E.: *Der Raub der Europa und die Zukunft der Menschheit.* In: Neue Deutsche Hefte, 3/1978.

Becker, K.E.: *Triumph der Gleichgültigkeit.* In: Neue Deutsche Hefte, 4/1979.

Becker, K.E.: *Die Flucht in den Machtästhetizismus.* In: Ders. und H.-P. Schreiner (Hg.): *Anti-Politik.* Hannover 1979.

Becker, K.E. et al. (Hg.): *Wahn oder Glaube: Alternativen zur Industriegesellschaft?.* Hannover 1980.

Becker. K.E.: *Eingebung, Einfühlung, Einredung. Aspekte charismatischer Bewegungen bei Max Weber.* In: Die Dritte Welt, 3u.4/1980.

Becker, K.E.: *Das Charisma Khomeinis. Bemerkungen zur Islamischen Revolution im Iran.* In: Die Dritte Welt, 3/4, 1981.

Becker, K.E. et al. (Hg.): *Die Friedensbewegung : Ein Gespräch.* Landau/Pfalz 1982, Reihe „Frankenthaler Gespräche".

Becker, K.E. et al. (Hg.): *Der Imam. Islamische Staatsidee und revolutionäre Wirklichkeit.* St. Michael 1982.

Becker, K.E. et al. (Hg.): *Rudolf Steiner. Der anthroposophische Weg.* München 1982.

Becker, K.E.: *Was bedeutet Charisma?* Südwestfunk Baden-Baden. Abendstudio, Sendung vom 12.01.1982.

Becker, K.E.: *Was ist Anthroposophie?* In: Ökologischer Landbau: Sievering, U.O. (Hg.): Arnoldshainer Texte: Band 18/1983.

Becker, K.E. et al. (Hg.): *Rudolf Steiner — praktizierte Anthroposophie: Beitrag für ein humaneres Leben.* Frankfurt am Main 1983.

Becker, K.E. et al. (Hg.): *Weltmacht Islam? Ein Symposion.* Landau/ Pfalz 1983, Reihe „Frankenthaler Gespräche".

Becker K.E.: *Anthroposophie — Revolution von innen.* Frankfurt am Main 1984.

Becker, K.E. et al. (Hg.): *Im Mittelpunkt: der Mensch: Anthroposophie — Herausforderung an alle?* Landau/Pfalz : 1984, Reihe „Frankenthaler Gespräche".

Becker, K.E. et al. (Hg.): *Anthroposophie heute.* Frankfurt am Main 1984 (Lizenzausgabe München 1981, Reihe „Geist und Psyche", japanische Ausgabe 1983).

Becker, K.E. et al. (Hg.): *Rudolf Steiner. Ausgewählte Werke in 10 Bänden.* Frankfurt am Main 1985.

Becker, K.E. et al. (Hg.): *Menschenrechte*, Landau/Pfalz 1985, Reihe „Frankenthaler Gespräche".

Becker, K.E.: *Der römische Cäsar mit Christi Seele. Max Webers Charisma-Konzept. Eine systematisch kritische Analyse unter Einbeziehung biographischer Fakten.* Frankfurt am Main, Bern, New York, Paris 1988.

Becker, K.E. et al. (Hg.): *Umwelt : Widersprüche, Konflikte und Lösungen.* Bonn 1991, Forum Bauen und Leben: Bd. 7.

Becker, K.E. (Hg.): *Konsum.* Frankfurt am Main, Bern, New York, Paris 1992, Grundlagen: Bd. 4.

Becker, K.E.: *Charisma. Der Weg aus der Krise.* Bergisch-Gladbach 1996.

Becker, K.E. et al. (Hg.): *Die Informationsgesellschaft im Neuen Jahrtausend.* Bergisch-Gladbach 1997.

Becker, K.E. et al. (Hg.): *Geht uns die Arbeit aus? Beschäftigungsperspektiven in der Gesellschaft von morgen.* Frankfurt/Main, New York 1998.

Becker, K.E.: *Das Essenz-Paradigma und die Bildungsraison.* In: Euro News 1/2004.

Becker, K.E.: *Medienkompetenz und Kunsterziehung in der Wirklichkeit des All-Jetzt.* In: BDK-Mitteilungen 3/2004.

Becker, K.E.: *Bildungsgut „Energie".* In: M. Mönig (Hg.): Energie — Bildungsinhalt und Bildungsziel?. Mainz 2011.

Becker, K.E. und Steel, R. (Hg.): *Karl König. Über die menschliche Seele.* Stuttgart 2011.

Becker, K.E.: *Paradigmenwechsel „Energiewende".* In: J.E. Mantz (Hg.): Energie- Wissensvermittlung im Unterricht. Aschaffenburg 2013.

Becker, K.E.: *Das mediale Allzeit-Jetzt und der Einzelne.* In: M. Friedrichsen, R.A. Kohn (Hg.): Digitale Politikvermittlung: Chancen und Risiken interaktiver Medien. Wiesbaden 2013.

Benesch, H.: *Verlust der Tiefe. Eine psychische Dimension im Umbruch.* Frankfurt am Main 1991.

Benjamin, W.: *Schriften.* Hg. v. Th. W. Adorno und G. Adorno. Bd. 1. Frankfurt am Main 1955.

Berne, E.: *Was sagen Sie, nachdem Sie „guten Tag“ gesagt haben?* Frankfurt am Main 1983.

Die Bibel. Revidierte Fassung von 1984. Hg. v. d. Evangelischen Kirche in Deutschland. Stuttgart 1985.

Binswanger, H.Ch.: *Geld und Magie. Eine ökonomische Deutung von Goethes Faust.* Hamburg 2014.

Bohrer, K.H.: *Die Ästhetik des Schreckens.* München, Wien 1978.

Botschaft der islamischen Republik Iran (Hg.): Verfassung der islamischen Republik Iran. Bonn 1980.

Broch, H.: *Die Schlafwandler.* Frankfurt am Main 1986.

Broch, H.: *Massenwahntheorie. Beiträge zu einer Psychologie der Politik.* Frankfurt am Main 1986.

Broch, H.: *Politische Schriften.* Frankfurt am Main 1986.

Camus, A.: *Der Mythos von Sisyphos.* Reinbek bei Hamburg 1968.

Camus, A.: *Der Mensch in der Revolte.* Reinbek bei Hamburg 1969.

Canetti, E.: *Masse und Macht.* 2 Bände. München 1976.

Dath, D. und Kirchner, B.: *Der Implex. Sozialer Fortschritt: Geschichte und Idee.* Berlin 2012.

Elias, N.: *Über den Prozeß der Zivilisation*, 2 Bände. Frankfurt am Main 1977.

Erikson, E.H.: *Kindheit und Gesellschaft.* Stuttgart 1979.

Felice, R. de: *Die Deutungen des Faschismus.* Göttingen, Zürich 1980.

Fest, J.C.: Hitler. *Eine Biographie.* Stuttgart, Hamburg, München 1973.

Freud, S.: *Studienausgabe.* 10 Bände mit einem Ergänzungsband. Frankfurt am Main 1982.

Freud, S.: *Der Mann Moses und die monotheistische Religion: 3 Abhandlungen*, Studienausgabe Band 9. Frankfurt am Main 1982.

Freud, S.: *Das Unbehagen in der Kultur.* Studienausgabe Band 9. Frankfurt am Main 1982.

Freund, L.: *Politik und Ethik.* Frankfurt am Main, Bern 1955.

Friedrich, C.J.: *Totalitäre Diktatur.* Stuttgart 1957.

Fromm, E.: *Die Furcht vor der Freiheit.* Frankfurt Main 1966.

Fromm, E.: *Die Revolution der Hoffnung.* Reinbek bei Hamburg 1974.

Fromm, E.: *Haben oder Sein.* Stuttgart 1976.

Fromm, E.: *Anatomie der menschlichen Destruktivität.* Reinbek bei Hamburg 1977.

Fromm, R. und Rickelmann, R.: Ware Patient: *Woran unsere medizinische Versorgung wirklich krankt.* Frankfurt, 2010.

Gehlen, A.: *Der Mensch. Seine Natur und seine Stellung in der Welt.* Bonn 1955.

Gehlen, A.: *Anthropologische Forschung.* Reinbek bei Hamburg 1961.

Geißler, K.A.: *Enthetzt euch! Weniger Tempo – mehr Zeit.* Stuttgart 2012.

Gruhl, H.: *Ein Planet wird geplündert. Schreckensbilanz unserer Politik.* Frankfurt am Main 1975.

Gruhl, M.: *Die Strategie der Stehauf-Menschen. Krisen meistern mit Resilienz,* Freiburg im Breisgau 2010.

Goethe, J.W. v.: *Die Faust-Dichtungen.* Zürich 1950.

Goetze, D.: *Einige Bemerkungen zu einer soziologischen Theorie charismatischer politischer Führerschaft.* In: Die Dritte Welt, 3/1972.

Greiffenhagen, M. et al.: Totalitarismus. München 1972.

Habermas, J.: *Theorie des kommunikativen Handelns,* 2 Bände. Frankfurt am Main 1981.

Haffner, S.: *Anmerkungen zu Hitler.* München 1978.

Harris, T.: *Ich bin ok., du bist ok.* Reinbek bei Hamburg 1975.

Heidt, W. (Hg.): *Abschied vom Wachstumswahn. Ökologischer Humanismus als Alternative zur Plünderung des Planeten.* Achberg 1980.
Heine, H.: *Zur Geschichte der Religion und Philosophie in Deutschland*, in: Der Salon. 2. Band. Hamburg 1834.
Heisenberg, W.: *Physik und Philosophie.* Stuttgart 2000.
Hennen, M. und Prigge, W.-U.: *Autorität und Herrschaft.* Darmstadt 1977.
Herrigel, E.: *Zen in der Kunst des Bogenschießens.* München-Planegg 1960.
Hobbes, Th.: *Leviathan.* Neuwied und Berlin 1966.
Honneth, A.: *Kampf um Anerkennung. Zur moralischen Grammatik sozialer Konflikte.* Frankfurt 1994.
Huizinga, J.: *Homo Ludens. Vom Ursprung der Kultur im Spiel.* Reinbek bei Hamburg 1987.
Huntington, S.P.: *Der Kampf der Kulturen. Die Neugestaltung der Weltpolitik im 21. Jahrhundert.* München 1997.
Izutsu, T.: *Philosophie des Zen-Buddhismus.* Reinbek bei Hamburg 1986.
Jaspers, K.: *Vernunft und Widervernunft in unserer Zeit. Drei Vorlesungen.* München 1990.
Jaspers, K.: *Von der Wahrheit. München.* Zürich 1991.
Joas, H.: *Die Kreativität des Handelns.* Frankfurt am Main 1992.
Jonas, H.: *Das Prinzip Verantwortung: Versuch einer Ethik für die technologische Zivilisation.* Frankfurt am Main 1984.
Jouvenel, B. de: *Über die Staatsgewalt.* Freiburg im Breisgau 1972.
Jung, C.G.: *Über die Psychologie des Unbewußten.* Frankfurt am Main 1975.
Jung, C.G.: *Gesammelte Werke. 20 Bände.* Düsseldorf 1995.

Kant, I.: *Grundlegung zur Metaphysik der Sitten.* Frankfurt am Main 2007.
Kant, I.: *Kritik der praktischen Vernunft*, Hg. v. J. Kopper. Stuttgart 1961.
Kleist, H. v.: *Über das Marionettentheater.* München o.J.
Kohut, H.: *Die Zukunft der Psychoanalyse.* Frankfurt am Main 1975.
Kokoschka, O.: *Schriften 1905-1955.* München 1955.
Kolakowski, L.: *Die Gegenwärtigkeit des Mythos.* München 1973.
Krysmanski, H.J.: *Hirten und Wölfe. Wie Geld und Machteliten sich die Welt aneignen.* Münster 2013.
Laotse: *Tao te king.* München 1978.
LeBon, G.: *Psychologie der Massen.* Stuttgart 1973.
Leppin, V.: *Martin Luther. Vom Bauernsohn zum Reformator.* Darmstadt 2013.
Luhmann, N.: *Liebe als Passion. Zur Codierung von Intimität.* Frankfurt am Main 1982.
Lukács, G.: *Die Zerstörung der Vernunft.* Berlin 1955.
Luther, M.: *Von der Freiheit eines Christenmenschen.* Gütersloh 2006.
Machiavelli, N.: *Gedanken über Politik und Staatsführung.* Stuttgart o.J.
Machiavelli, N.: *Der Fürst.* Stuttgart 1961.
Markovic, M.: *Möglichkeiten einer radikalen Humanisierung der Industriekultur.* In derselbe: Dialektik der Praxis. Frankfurt am Main 1968.
Marx, K.: *Das Kapital. Kritik der politischen Ökonomie*, 2 Bände. Frankfurt am Main, Berlin 1987.
Marx, K.: *Zur Kritik der Hegel'schen Rechtsphilosophie*, in derselbe: Kapital und Politik. Frankfurt am Main, Neu-Isenburg 2008.

Mitscherlich, A. und M.: *Die Unfähigkeit zu trauern*. München 1967.
Mühlmann, W.E.: Homo Creator. Wiesbaden 1962.
Müller, L.: *Bankräuber. Wie kriminelle Manager und unfähige Politiker uns in den Ruin treiben*. Berlin 2010.
Müller, L.: *Versichert, verraten, verkauft: Wie Versicherungen mit unserem Geld umgehen*. Berlin 2015.
Mumford, L.: *Mythos der Maschine. Kultur, Technik und Macht*. Wien 1974.
Mumford, L.: *Die Stadt. Geschichte und Ausblick. 2 Bände*. München 1979.
Neuberger, O.: *Führungsverhalten und Führungserfolg*. Berlin 1976.
Neumann, F.: *Behemoth*. Köln, Frankfurt am Main 1977.
Nietzsche, F.: *Sämtliche Werke. Kritische Studienausgabe in 15 Bänden*. Hg. v. G. Colli und M. Montinari. München, Berlin, New York 1980.
Nietzsche, F.: *Morgenröthe*. Sämtliche Werke. Kritische Studienausgabe, Band 3. München, Berlin, New York 1980.
Nietzsche, F.: *Die fröhliche Wissenschaft*. Sämtliche Werke. Kritische Studienausgabe, Band 3. München, Berlin, New York 1980.
Nietzsche, F.: *Also sprach Zarathustra*. Sämtliche Werke. Kritische Studienausgabe, Band 4. München, Berlin, New York 1980.
Nietzsche, F.: *Götzendämmerung oder Wie man mit dem Hammer philosophirt*. Sämtliche Werke. Kritische Studienausgabe, Band 6. München, Berlin, New York 1980.
Nietzsche, F.: *Ecce homo*. Sämtliche Werke. Kritische Studienausgabe, Band 6. München, Berlin, New York 1980.

Ortega y Gasset, J.: *Der Aufstand der Massen.* Reinbek bei Hamburg 1956.
Ortega y Gasset, J.: *Die Vertreibung des Menschen aus der Kunst.* München 1964.
Peseschkian, N.: *Positive Psychotherapie. Theorie und Praxis einer neuen Methode.* Frankfurt am Main 1985.
Piaget, J.: *Gesammelte Werke.* 10 Bände. Stuttgart 1975.
Pirsig, R.M.: *Zen und die Kunst ein Motorrad zu warten.* Frankfurt am Main 1984.
Plato: *Sämtliche Dialoge. Hg. v. O. Apelt.* Hamburg 1988.
Plessner, H.: *Grenzen der Gemeinschaft. Eine Kritik des sozialen Radikalismus.* Bonn 1924.
Popper, K.R.: *Die offene Gesellschaft und ihre Feinde.* 2 Bände. München 1977.
Postman, N.: *Wir amüsieren uns zu Tode.* Frankfurt am Main 1987.
Rawls, J.: *Eine Theorie der Gerechtigkeit.* Frankfurt am Main 1979.
Riedel, M.: *Studien zu Hegels Rechtsphilosophie.* Frankfurt am Main 1969.
Richter, H.E.: *Der Gotteskomplex.* Reinbek bei Hamburg 1979.
Rickelmann, R.: *Tödliche Ernte. Wie uns das Agrar- und Lebensmittelkartell vergiftet.* Berlin 2012.
Ritter, J.: *Metaphysik und Politik. Studien zu Aristoteles und Hegel.* Frankfurt am Main 1977.
Rousseau, J-J.: *Emile oder Über die Erziehung.* Stuttgart 1963.
Rousseau, J-J.: *Abhandlung über den Ursprung und die Grundlagen der Ungleichheit unter den Menschen.* Stuttgart 1998.
Sartre, J.-P.: *Wir sind alle Mörder. Der Kolonialismus ist ein System.* Reinbek bei Hamburg 1988.
Schariati, A.: *Zivilisation und Modernismus.* Bonn 1980.

Schariati, A.: *Das Menschenbild im Marxismus, in anderen abendländischen Denkschulen und im Islam.* Bonn 1983.
Schilling, H.: *Martin Luther. Rebell in einer Zeit des Umbruchs.* München 2012.
Schirrmacher, F.: Minimum. *Vom Vergehen und Neuentstehen unserer Gemeinschaft.* München 2006.
Schmidbauer, W.: *Die Ohnmacht des Helden.* Reinbek bei Hamburg 1981.
Schorn-Schütte, L.: *Die Reformation. Vorgeschichte, Verlauf, Wirkung.* München 2006.
Sedláček, T.: *Die Ökonomie von Gut und Böse.* München 2012
Sedlmayr, H.: *Verlust der Mitte. Die bildende Kunst des 19. und 20. Jahrhunderts als Symptom und Symbol der Zeit.* Salzburg und Wien 1948.
Sennett, R.: *Verfall und Ende des öffentlichen Lebens. Die Tyrannei der Intimität.* Frankfurt am Main 1983.
Sennett, R.: *Der flexible Mensch. Die Kultur des neuen Kapitalismus.* Berlin 2000.
Silbermann, A. (Hg.): *Handwörterbuch der Massenkommunikation und Medienforschung.* 2 Bände. Berlin 1982.
Simmel, G.: *Philosophie des Geldes.* Köln 2009.
Sommer, B. und Welzer H.: *Transformationsdesign. Wege in eine zukunftsfähige Moderne.* München 2014.
Sorel, G.: *Über die Gewalt.* Frankfurt am Main 1981.
Spitzer, M.: *Digitale Demenz. Wie wir uns und unsere Kinder um den Verstand bringen.* München 2012.
Sprenger, R.K.: *Mythos Motivation. Wege aus einer Sackgasse.* Frankfurt am Main 1995.
Strauss, L.: *Naturrecht und Geschichte.* Stuttgart 1956.

Steiner, R.: *Ausgewählte Werke.* K.E. Becker und H.P. Schreiner (Hg.), 10 Bände. Frankfurt am Main 1985.
Steiner, R.: *Die Philosophie der Freiheit. Grundzüge einer modernen Weltanschauung.* In: Ausgewählte Werke, Band 1. K.E. Becker und H.P. Schreiner (Hg.), 10 Bände. Frankfurt am Main 1985.
Steiner, R.: *Die Kernpunkte der sozialen Frage in den Lebensnotwendigkeiten der Gegenwart und Zukunft.* In: Ausgewählte Werke, Band 6. K.E. Becker und H.P. Schreiner (Hg.), 10 Bände. Frankfurt am Main 1985.
Steiner, R.: *Mein Lebensgang.* In: Ausgewählte Werke, Band 7. K.E. Becker und H.P. Schreiner (Hg.), 10 Bände. Frankfurt am Main 1985.
Syberberg, H.J.: *Die freudlose Gesellschaft.* München 1981.
Theweleit, K.: *Männerphantasien.* Reinbek bei Hamburg 1980.
Tönnies, F.: *Gemeinschaft und Gesellschaft.* Darmstadt 1972.
Troeltsch, E.: *Die Bedeutung des Protestantismus für die Entstehung der modernen Welt.* Schutterwald/Baden 1997.
Troeltsch, E.: *Luther und die moderne Welt.* Schutterwald/Baden 2000.
Weber, M.: *Gesammelte Aufsätze zur Religionssoziologie.* Tübingen 1963.
Weber, M.: *Gesammelte Politische Schriften.* J. Winckelmann (Hg). Tübingen 1971.
Weber, M.: *Wirtschaft und Gesellschaft. Grundriß der verstehenden Soziologie.* J. Winckelmann (Hg). Tübingen 1972.
Weber M.: *Die protestantische Ethik und der Geist des Kapitalismus.* In: Gesammelte Aufsätze zur Religionssoziologie Band 1. J. Winckelmann (Hg). Tübingen 1988.
Werner, E.E.: *The children of Kauai: a longitudinal study from the*

prenatal period to age ten. Honolulu 1971.

Worsley, P.: *Die Posaune wird erschallen.* Frankfurt am Main 1973.

WORLD ART
COLLECTIONS
EXHIBITIONS
SAINSBURY CENTRE
for Visual Arts
A World Observed
1940–2010
Photographs by Dorothy Bohm

Sainsbury Centre for Visual Arts
Tuesday 21 June – Sunday 28 August

A World Observed 1940–2010

Photographs by Dorothy Bohm

Dorothy Bohm is a key figure in British photography. This exhibition is the first comprehensive retrospective of Bohm's work, tracing her exceptional career from the 1940s to the present day.

Her striking photographs focus on the human figure in its natural setting, capturing moments in the lives of ordinary people and documenting the rapidly changing world of the last 70 years.

On display you will find more than 150 original prints, including black- and white street photography and colourful pictures of contemporary life, together with jewel-like Polaroids and vintage studio portraits.

Born into a Jewish family in East Prussia in 1924, Bohm was sent to school in the UK in 1939 to escape the threat of Nazism. She studied photography in Manchester and went on to establish a successful portrait studio. In the late 1940s she discovered a love for open-air photography, and soon abandoned studio work to focus on 'street photography'. Throughout her life Bohm has travelled widely, photographing the changing face of post-war Europe, the USA, Israel and the USSR.

Curated for Manchester Art Gallery by Dorothy Bohm's daughter, Monica Bohm-Duchen, together with consultant curator Colin Ford CBE.

Admission £4, concessions £2; family admission £8, concessions £6. Free to Sainsbury Centre Friends, UEA and NUCA staff and students.

Information and Bookings
01603 593199
www.scva.ac.uk

A Manchester Art Gallery touring exhibition

Manchester Art Gallery Touring exhibition

Manchester City Council

The Sainsbury Centre is supported by

Arts & Humanities Research Council

The Gatsby Charitable Foundation

Marketing sponsor

national express

UEA University of East Anglia

Sainsbury Centre for Visual Arts
UEA, Norwich NR4 7TJ
01603 593199 www.scva.ac.uk

Dorothy Bohm, *Oaxaca, Mexico*, 1956 © Dorothy Bohm Archive

Begriffs- und Sachregister

Namens- und Personenregister

Weitere Titel aus dem Info3-Verlag

Jens Heisterkamp

Anthroposophische Spiritualität

Denken, Meditation und geistige Erfahrung bei Rudolf Steiner.

Eine Einführung

136 Seiten, Klappenbroschur

ISBN 978-3-95779-020-0

Waldorfpädagogik, bio-dynamischer Landbau, Misteltherapie, Wirtschaftsunternehmen wie Weleda – fast jeder kennt die Anthroposophie als praktische Reformbewegung. Worin aber liegt ihre spirituelle Botschaft?

Dieses Buch antwortet auf diese Frage und zeichnet den Weg nach, den Rudolf Steiner selbst vom philosophischen Denken zu Meditation und geistiger Erfahrung gegangen ist. So entstand ein neuer Zugang zu Spiritualität, der den Intellekt in Richtung einer Selbstklärung des Bewusstseins übersteigt. Ebenso dialogisch offen für neu Interessierte wie auch vertiefend für Kenner der Anthroposophie zeigt dieses Buch, worum es der anthroposophischen Spiritualität geht: um Selbstfindung im All-Einen.

www.info3-verlag.de

Hendrik Vögler

Sinn und Sein meditieren

Eine Skizze

116 Seiten, Klappenbroschur

ISBN 978-3-95779-019-4

Über viele Jahre hat der anthroposophische Arzt Dr. med. Hendrik Vögler Einführungen in die Meditation zur Förderung der Lebenskräfte gegeben. Sinn und Sein in der Meditation zu suchen – das ist das Anliegen. Im Mittelpunkt steht eine Übung, die der Autor aus Anweisungen Rudolf Steiners weiterentwickelt hat. Der Autor hat sein Buch nicht mehr abschließen können. Als Skizze zum Thema Meditation wird hier sein Vermächtnis einem breiteren, an spiritueller Entwicklung interessierten Publikum vorgelegt.

Martina, Johannes und Tobias Hartkemeyer

Dialogische Intelligenz

Aus dem Käfig des Gedachten in den Kosmos des gemeinsamen Denkens

Mit einem Vorwort von Gerald Hüther

200 Seiten, Broschur

ISBN 978-3-95779-033-0

Den Anderen verstehen, eigene verengte Standpunkte überwinden und gemeinsam Neues denken – das ist die Perspektive, die durch Dialog möglich wird. Was den echten Dialog ausmacht und wie wir unsere eigene „Dialogische Intelligenz" wecken können, zeigt dieses praxisorientierte Buch.

Die Autoren tragen aus den unterschiedlichsten Richtungen Bausteine für den gelingenden Dialog zusammen. Sie greifen dabei auf langjährige Beratungserfahrungen in der Begleitung von Veränderungsprozessen in Einrichtungen und Unternehmen zurück. – Die „Methode Hartkemeyer" fand unter anderem Anwendung im Tunesischen Friedensprozess, für den die Beteiligten 2015 den Friedensnobelpreis verliehen bekamen.

Silke Kirch

Das Murmeln der Auguste Deter

Oder: Was ist die Kunst im Umgang mit Demenz?

168 Seiten, Klappenbroschur

ISBN 978-3-95779-021-7

Auguste Deter war die erste Patientin, an der Alois Alzheimer das später nach ihm benannte Krankheitsbild erforschte. Silke Kirch reflektiert vielfältige wissenschaftliche Untersuchungen und schöpft zugleich aus ihrer kunsttherapeutischen Arbeit mit demenzkranken Menschen. Sie lädt zu dem Gedanken ein, Alzheimer nicht allein vom Subjekt her, sondern im Horizont der zwischenmenschlichen Beziehungen zu verstehen. Entstanden ist ein engagiertes Buch, das trotz des scheinbar düsteren Themas geistreich und mit literarischem Charme den Verlust des Erinnerungsvermögens einfühlsam zu deuten weiß. Anstelle einer weiteren Geschichte von Defiziten nimmt hier eine neue Philosophie des Vergessens Kontur an.

www.info3-verlag.de

Walter Seyffer

Helden für ein Leben

Die heldenhafte Lebensreise des Menschen nach Joseph Campbell und ihr Einfluss auf den individuellen Lebenslauf

320 Seiten, Broschur

ISBN 978-3-924391-59-1

Die nach Joseph Campbell benannte „Heldenreise" bildet ein universales Grundmuster in fast allen Mythen der Welt. Mit ihren wiederkehrenden Stufen, ihren Prüfungen, Niederlagen und Siegen bildet sie aber auch ein Gerüst, welches als Sinndimension in der Tiefe jedes menschlichen Lebenslaufes aufscheint. Walter Seyffer verbindet die von Campbell zutage geförderten Strukturen erstmals mit den Rhythmen der anthroposophischen Biographieforschung. Ausflüge in die Welt großer Kinofilme und der populären Kultur machen sein Buch höchst unterhaltsam und anregend. Aus langjähriger Erfahrung als Berater bietet Seyffer auf jeder Seite praktische Anregungen für ein fruchtbares Verständnis der „Heldenreise" durch die eigene Biographie.

Barbara Oehl-Jaschkowitz

Manche Angst in Zuversicht verwandelt

Eltern von Kindern mit Behinderung erzählen

Fotografien von Charlotte Fischer

136 Seiten, Broschur

ISBN 978-3-95779-028-6

In diesem Buch erzählen Mütter und Väter, die sich bewusst für die Geburt eines behinderten Kindes entschieden haben. Offen und ungeschönt dokumentieren diese Gespräche Sorgen und Ängste, aber auch Kraftquellen der Betroffenen. Sie vermitteln Erfahrungen und Haltungen, die Eltern in ähnlichen Situationen hilfreiche Unterstützung sein können und den Befürchtungen junger Eltern bezüglich des weiteren Lebensweges ihres erkrankten Kindes ermutigende Bilder entgegensetzen.

Die im Interviewstil geführten Gespräche werden begleitet von Bildern aus dem Leben der betroffenen Menschen, aufgenommen von der Fotografin Charlotte Fischer.

Ibrahim Abouleish

Die SEKEM-Symphonie

Nachhaltige Entwicklung für Ägypten in weltweiter Vernetzung

188 Seiten, zahlreiche Abbildungen, Broschur

ISBN 978-3-95779-027-9

In einer aktualisierten und stark erweiterten Neuauflage hat Ibrahim Abouleish die Entwicklung SEKEMS im beginnenden 21. Jahrhunderts zusammengetragen. Anschaulich und von eindrücklichen Bildern begleitet tritt die symphonische Vielfalt dieser Initiative von Wirtschafts- und Ausbildungsbetrieben, landwirtschaftlicher Produktion, medizinischen Einrichtungen, Schulen, Therapieangeboten und Forschungsstätten hervor. Ein Klang der Zukunft, der aus der Wüste Ägyptens in die Welt hinaus tönt.

INFO3
VERLAG

Info3-Verlagsgesellschaft Brüll & Heisterkamp KG
Kirchgartenstr. 1
60439 Frankfurt am Main

Tel. 069 - 58 46 47
Fax: 069 - 58 46 16
E-Mail: vertrieb@info3.de
Web: www.info3-verlag.de